ANECDOTES

ET

LEÇONS POUR MES PETITS-ENFANTS

PAR

P. DE SANDT

AVEC GRAVURES DANS LE TEXTE

ROUEN

MÉGARD ET Cⁱᵉ, LIBRAIRES-ÉDITEURS

BIBLIOTHÈQUE MORALE

DE

LA JEUNESSE

—

SÉRIE GRAND IN-8° CARRÉ

Statue de Saussure à Chamonix.

ANECDOTES

ET

LEÇONS POUR MES PETITS-ENFANTS

PAR

P. DE SANDT

AVEC GRAVURES DANS LE TEXTE

ROUEN

MÉGARD ET Cⁱᵉ, LIBRAIRES-ÉDITEURS

1893

Propriété des Éditeurs,

ANECDOTES ET LEÇONS

POUR MES PETITS-ENFANTS

I.

NOS STATUES.

Bénédict de Saussure.

Le 28 août 1887, la petite ville de Chamonix, dans le département de la Haute-Savoie, était pavoisée de drapeaux de tous les pays et décorée de nombreux arcs de triomphe. Ce chef-lieu de canton, bâti dans une vallée située à mille cinquante mètres d'altitude, tout le long de l'Arve, qui l'arrose, et au pied du mont Blanc, qui la domine, avait peine à contenir ce jour-là ses nombreux visiteurs. Ceux-ci étaient accourus pour donner plus d'éclat au centenaire des premières ascensions effectuées au sommet du mont Blanc, centenaire que l'on allait célébrer en inaugurant solennellement un monument commémoratif élevé à la mémoire de Bénédict de Saussure et de Jacques Balmat, un savant et un simple guide. La fête avait été décidée sur l'initiative de la France, car le mont Blanc lui appartient tout entier. Il est vrai qu'on y parvient également par Courmayeur et Saint-Gervais ; mais c'est par Chamonix que la route est plus facile et plus rapide.

Quant au monument, l'initiative de son érection à Chamonix est due au Club alpin, qui a des ramifications dans le monde entier. Il est l'œuvre d'un statuaire français. C'est un groupe de bronze vert, très décoratif : Saussure et le guide Balmat sont debout sur un rocher ; Balmat montre du doigt à Saussure le sommet du mont Blanc et semble dire au savant :

— C'est bien d'être arrivés où nous sommes ; mais ce n'est pas assez, il nous faut grimper tout en haut !

Saussure lève les yeux, admire, et semble répondre :

— Soit ! nous irons là-haut !

Et ils y allèrent en effet.

Ce monument est dû au ciseau d'un sculpteur parisien, M. Jules Salmson, directeur de l'Ecole des beaux-arts de Genève. Le rocher, qui forme piédestal, a pour auteur M. Jacques Simmler, architecte suisse.

Le jour choisi pour l'inauguration était un dimanche. A neuf heures du matin, la municipalité de Chamonix vint à l'entrée de la ville recevoir M. Spuller, alors ministre de l'instruction publique, les membres de la famille de Saussure, M. Voutier, président du conseil d'Etat de Genève, les présidents français et étrangers des différents Clubs alpins, les délégués de l'Académie des sciences, les sénateurs, députés, préfet, sous-préfets, et les divers invités.

Le cortège se rendit ensuite à la mairie, où fut servi un vin d'honneur ; puis on se remit en marche et l'on arriva à la place Saussure en faisant le tour de la ville. Un groupe de douze des plus anciens guides de Chamonix, en tenue de montagne, ayant à leur tête Jean Payot, âgé de quatre-vingt-un ans, ouvrait la marche.

A onze heures, pendant que la musique exécutait la *Marseillaise*, le voile qui recouvrait la statue fut arraché, et l'escaladeur du mont Blanc apparut beau d'énergique audace ; il fut frénétiquement acclamé par l'énorme foule accourue pour assister à cette inauguration, en France, de la statue d'un étranger, à laquelle présidait un ministre français.

Horace Bénédict de Saussure était de nationalité suisse. Fils du Génevois Nicolas de Saussure, qui a laissé de remarquables mémoires d'agriculture théorique et pratique, Bénédict était né à Genève en 1740. « Dès son enfance, raconte M. Raoul Bonnery, il s'était pris de passion pour la montagne. Sa mère était malade, clouée dans un fauteuil, et elle adorait les fleurs ; l'enfant parcourait presque tous les jours les environs de Genève, battant les buissons, dévalisant les prés, pillant les bois, pour rapporter un bouquet à sa pauvre mère. Un jour, après être demeuré longtemps les yeux fixés sur la montagne qu'on voyait de la fenêtre de leur maison, l'enfant courut et gravit tout d'une haleine les premiers plans du mont Salève. Il raconta lui-même, plus tard, que quand ses mains tou-

chèrent le rocher, il lui sembla que c'était l'ossature du globe ;
dès lors la terre ne lui en sembla plus que l'épiderme, et une
curiosité pour cette montagne s'empara de lui et ne le quitta
jamais.

« Son père, Nicolas de Saussure, agronome distingué,
voyant le goût de son fils pour les sciences naturelles, l'encou-
ragea dans cette voie, et, à vingt-deux ans, Bénédict de
Saussure obtenait à Genève une chaire de philosophie. Mais
la géologie, la météorologie, l'hygrométrie, la botanique occupaient plus le jeune professeur que les spéculations ardues des
philosophes anciens et modernes, et il parcourut l'Europe,
tenant d'une main le marteau du minéralogiste et de l'autre
le crayon du savant. »

Bénédict de Saussure, dit de son côté M. Pierre Giffard,
« était grand chercheur et marcheur infatigable. Ses exploits
d'ascensionniste sont presque les seuls qu'ait enregistrés le
XVIIIᵉ siècle. De 1760 à 1780, il a fait l'ascension du Vésuve et
de l'Etna, dont il fixe la hauteur à trois mille trois cent quarante mètres à l'aide du baromètre ; il traverse quatorze fois
les Alpes par huit passages différents et fait plus de seize
autres excursions jusqu'au centre de la chaîne alpine. Mais il
avait vainement essayé de parvenir au sommet du mont
Blanc. Il avait attaqué le géant mystérieux par plus d'une
vallée ; il l'avait examiné du sommet des montagnes voisines,
et l'avait toujours trouvé inaccessible, lorsque, en août 1787, il
apprend que deux habitants de Chamonix, un nommé Jacques
Balmat, coureur de glaciers intrépide, et un médecin, le

docteur Paccard, avaient pu atteindre la dernière cime en suivant le chemin le plus direct.

C'était en août 1787 que Jacques Balmat était parvenu à la plus haute cime du mont Blanc. Ce jeune homme de vingt-quatre ans était d'une famille d'héroïques montagnards, tous guides de père en fils. Plusieurs fois déjà il avait tenté cette ascension, tantôt par l'est, tantôt par l'ouest, car il savait que le midi, fermé par une muraille de granit à pic et haute de neuf cents mètres, était inaccessible. Ayant échoué de ces deux côtés, il essaya par le nord, côté de Chamonix, par la vallée de neige, et il réussit à la fin.

Arrivé au sommet, Jacques Balmat demeura un instant ébloui, fasciné par le magnifique panorama qui se développait à ses regards : il put se figurer être le roi de la montagne. Et cependant ce sommet n'est qu'une « croûte de neige de cinquante mètres d'épaisseur ; il forme un plateau qui n'a pas plus d'un mètre de largeur à son point culminant. On peut à peine y tenir deux de front. Jacques Balmat met son mouchoir au bout de son alpenstock ou bâton ferré ; les Chamoniards qui attendent, la lunette en main, aperçoivent le signal, et des acclamations traversent l'espace. »

L'humble guide avait vaincu le mont Blanc, écrivait naguère l'un de nos plus éminents publicistes, qui ajoutait : La renommée de ce *Christophe Colomb des Alpes*, comme l'appelait pittoresquement Alexandre Dumas, passa vite en Suisse. Saussure s'attacha le fameux guide Jacques Balmat et tenta d'accomplir ce qu'il rêvait depuis le jour où, enfant, il avait escaladé les premières pentes du grand Salève, pour rapporter des fleurs à sa mère malade.... L'ascension commença le 21 juillet 1788, et elle dura trois jours.

Arrivé à onze heures du matin, le troisième jour, au point culminant, Bénédict de Saussure y demeura jusqu'à trois heures et demie, malgré le malaise que lui causait la raréfaction de l'air, malaise qui se traduit, sur ces hauteurs prodigieuses, par l'accélération du pouls, une soif ardente et l'éblouissement que donne la blancheur des neiges.

Héroïsme de la science ! durant quatre heures et demie, et au milieu des plus grands dangers, Saussure procéda, avec le baromètre, à la détermination de l'altitude du mont Blanc et il la fixa à 4,810 mètres au-dessus de la Méditerranée.

Cette opération fut reproduite avec des instruments meilleurs, en 1844, par trois savants français : Martins, Bravais et Le Pileur, et ne fit que confirmer ce chiffre de 4,810 mètres.

Le mont Blanc est donc la plus haute montagne de France et d'Europe.

Saussure, enthousiasmé, renouvela l'expédition, l'année suivante, avec son fils aîné, campa dix-sept jours au col du Géant, à 3,426 mètres, et fit sur la montagne d'importantes expériences météorologiques. Enfin, en 1789, il parvenait au point culminant du mont Rose, tout en terminant les quatre volumes in-4° de ses *Voyages dans les Alpes*, ouvrage d'un très grand mérite scientifique et assez littéraire pour qu'il ait fait donner à son auteur le surnom d'*Homère des Alpes*.

Jacques Balma dit le Mont-Blanc

Bénédict de Saussure mourut en 1799, après avoir, en outre, rendu son nom illustre par des travaux et des découvertes scientifiques que va nous faire connaître M. J. Girard.

« Professeur de philosophie naturelle dans sa ville natale, dit le savant membre de l'Institut, il s'est surtout occupé de l'étude des grandes montagnes au point de vue de la physique générale. Compagnon de Haller, dirigé dans ses premiers travaux sur l'histoire naturelle par Charles Bonnet, son oncle par alliance, formé à l'observation des phénomènes de la nature et initié à toutes les connaissances scientifiques de son époque par ses nombreux voyages en Angleterre, en France, en Italie et en Allemagne, Saussure pénétra la structure du globe et fonda la science géologique sur une base solide, les faits et la comparaison. Le *Voyage dans les Alpes*, qu'il publia de 1779 à 1796, contient l'ensemble de ses observations et de ses découvertes, non seulement sur les Alpes, qu'il parcourut en tous sens, mais dans les autres chaînes de montagne de l'Europe. Indépendamment des nombreuses espèces de minéraux et de plantes qu'il découvrit dans ces hautes régions du globe, Saussure ne négligea aucun des phénomènes météorologiques qui s'y accomplissent. On lui doit une foule d'instruments précieux, qu'il inventa ou perfectionna, tels que l'*hygromètre*, l'*anémomètre*, le *cyanomètre*, le *diaphanomètre*, etc. Il a enrichi toutes les branches de la physique générale, et introduit dans les sciences d'observation cette méthode et cette exactitude qui ont tant contribué depuis à leurs progrès. Le premier, il gravit le mont Blanc jusqu'à sa cime, en juillet 1788.

On a de lui, outre son grand ouvrage sur les Alpes, un *Traité d'hygrométrie*, et beaucoup d'opuscules de botanique, de géologie, de physique et de météorologie, publiés à Genève, à Berne et à Lausanne. »

Déjà en 1878, la Société géologique de France, avec le concours du Club alpin français, avait érigé à Chamonix, auprès de l'église, un petit monument, consistant en un bloc de granit avec un médaillon, à l'intrépide guide Jacques Balmat.

Quant au magnifique groupe inauguré le 28 août 1887, c'est l'ascension de 1788 qu'il rappelle, et en même temps celle de 1787, effectuée juste cent ans auparavant. A ce centenaire, où fut élevé à Chamonix, sur le sol français, un monument à un savant suisse, la France a prouvé une fois de plus son caractère hospitalier. En présence des délégations des Clubs alpins de toute l'Europe, elle montra de la sorte qu'elle honore le génie sans se préoccuper de sa nationalité.

Et maintenant au pied du mont Blanc se dresse ce groupe de deux hommes de condition sociale bien différente, d'éducation bien dissemblable, réunis par leur commune victoire sur le géant des Alpes. Ce groupe, déclarait M. Spuller le jour de l'inauguration, « représente l'alliance du génie intellectuel servi par l'adresse et la force corporelles unies pour l'application d'une haute et commune pensée. Il représente aussi l'alliance des deux classes de la société qui peuvent tout quand elles sont unies, qui sont impuissantes quand elles se divisent et se combattent. Bénédict de Saussure, d'ancienne famille génevoise, de fortune assise, de sévère éducation, était un homme d'une haute autorité morale : il avait de l'ascendant,

il le faisait servir à l'éducation, à l'élévation de ceux qui étaient
au-dessous de lui. Jacques Balmat, plébéien obscur, plein de
curiosité et d'intelligence, aimait les hommes de science, les
écoutait, les respectait. L'air vivifiant et pur de ses montagnes

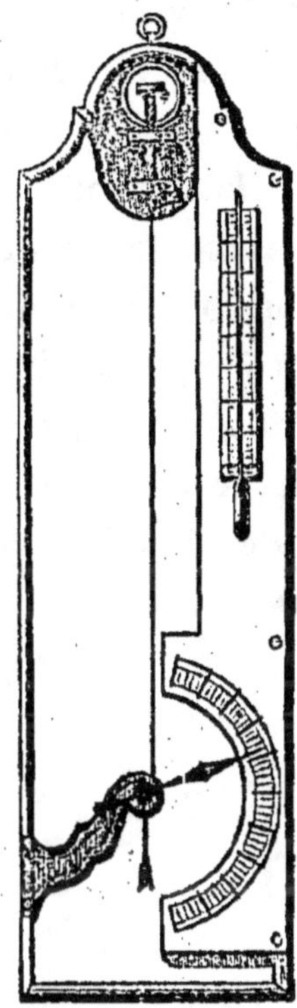

Hygromètre de Saussure.

lui avait inspiré l'amour de la liberté, le goût des aventures :
« nulle part autant que dans les Alpes, a dit le grand maître
« J. Michelet, on ne sent plus les libertés de l'âme. » Mais ici,
dans ces vallées, si l'on a la passion de l'indépendance intel-

lectuelle, on a le jugement droit et sain ; on sait le prix d'un bon conseil et on ne craint pas de le rechercher pour le suivre. Ainsi Saussure et Balmat se sont rencontrés, compris et complétés. Et les voilà tous les deux dans leur ascension commune, non plus vers le mont Blanc, mais vers la gloire et l'immortalité, laissant un grand nom avec des bienfaits sans nombre. Voilà ce qu'a produit leur alliance.

« Oh! messieurs, s'il était permis à votre hôte d'un jour d'exprimer un vœu qui est, je le crois du moins, d'une haute portée sociale et politique, je dirais que ce groupe doit être pour tous une leçon, et j'exprimerais ce vœu : que dans la France moderne il y ait toujours cette alliance de la science et du travail, cette union de ceux qui savent avec ceux qui peuvent, cette fusion des intelligences et des classes qui feraient la patrie si forte, si heureuse et si glorieuse. »

II.

LES ANIMAUX.

Le tigre.

Le tigre, mammifère de l'ordre des carnassiers et de la
famille des félidés, « est à peu près de la même taille que le
lion, mais plus mince, plus bas sur jambes; il a la tête plus
petite et arrondie, la queue très longue..... Le tigre se trouve
surtout dans l'Asie méridionale et dans les îles de la Sonde.
Sa force prodigieuse, jointe à sa férocité, en fait la terreur des
pays qu'il habite. Il est susceptible d'être apprivoisé, et devient
familier avec ceux qui le nourrissent; toutefois il paraît plus
méfiant et plus perfide que le lion. La chasse du tigre est très
dangereuse. Sa peau est très estimée, et fournit une des plus
belles fourrures. Le tigre est le symbole de la cruauté. »

Dans l'ancienne Rome, on se servait fréquemment de tigres dans les jeux sanglants et barbares du cirque. Encore aujourd'hui, dans certains pays, ces animaux sont employés pour l'amusement public, notamment en Cochinchine, où l'on fait combattre ensemble des tigres et des éléphants. Voici ce que raconte à ce sujet M. Michel-Dú'c Chaigneau dans le fort intéressant volume qu'il a publié en 1857 sous le titre de *Souvenirs de Hué* :

« On a quelquefois, dit-il, le spectacle d'un combat entre un tigre et des élépants. Ces combats, dont les Annamites sont très amateurs, offrent un spectacle des plus émouvants par l'anxiété qu'on éprouve en voyant des colosses tels que les éléphants aux prises avec *le roi des animaux* (c'est ainsi que les Annamites désignent le tigre), si redoutable par sa force, sa ruse et sa légèreté. A la vérité, on a soin de faire subir à ce dernier, avant le combat, certaines mutilations pour le mettre, autant que possible, dans l'impossibilité de blesser, non seulement les éléphants, mais encore les hommes qui les montent. On lui coud les lèvres, on lui coupe les griffes, on lui enveloppe les pattes dans un sac de cuir, et on lui attache au cou un long câble retenu par un piquet fortement fixé dans la terre, au milieu d'un petit bois improvisé. Mais ces précautions ne suffisent pas toujours pour prévenir des accidents fort regrettables. Lorsqu'un tigre a perdu sa vigueur ordinaire, par suite d'un séjour trop prolongé dans sa cage, les mutilations qu'on lui fait subir achèvent de l'anéantir, et, dans ce cas, le combat, j'en ai vu plusieurs de ce genre, ne dure pas longtemps et ne cause jamais d'accidents.

« Le cornac pousse vers le petit bois l'éléphant qui doit entrer en lutte; celui-ci, flairant son ennemi, hésite; son conducteur le maintient. Cependant le tigre ne bouge pas; il se cache, parce qu'il sent que ses forces affaiblies ne lui permettent pas de se présenter devant les redoutables dents de son adversaire. On crie, on frappe des mains et des pieds pour

Tigre.

l'effrayer. Il se présente enfin, mais avec insouciance, et non avec cet air fier d'autrefois; il voit avec crainte avancer celui qu'il eût méprisé dans d'autres moments et dans d'autres lieux; mais, n'apercevant aucun moyen de salut, il se décide et s'avance comme pour sauter sur l'éléphant. Celui-ci, avec ses défenses, le jette à quelques pas de lui, et ne se contenterait pas de cette première victoire, si son cornac ne le retenait pour prolonger le spectacle et pour laisser la place à un autre combattant.

« Pendant ce court intervalle, le tigre se relève; ranimé par le danger, il ramasse toutes les forces qui lui restent, et se présente, cette fois, comme enragé, bien décidé à faire payer cher sa vie. A peine son second adversaire s'approche-t-il de lui, que, d'un bond, il s'élance sur sa trompe, et s'y cramponne. L'éléphant, saisi d'épouvante et d'horreur au contact antipathique de cet être qu'il hait autant qu'il le redoute, pousse un cri affreux, et cherche à se débarrasser de cette étreinte. Cependant le tigre, privé des armes que la nature lui a données, est bientôt forcé de lâcher prise et de se laisser tomber; l'éléphant saisit alors le moment favorable, ramasse son adversaire avec ses défenses et le jette en l'air. On continue ainsi jusqu'à ce que le tigre soit entièrement mort.

« Mais quand on fait combattre un tigre nouvellement pris et qui a conservé toute son énergie, bien qu'il soit privé de ses griffes et de ses dents, il a encore assez de force et de ruse pour occasionner parfois de graves accidents. Sous le règne de Gia-Long, j'ai assisté, étant dans le bateau de mon père, à l'un de ces spectacles, dont le résultat a été funeste à un cornac et à plusieurs des soldats qui entouraient le lieu du combat. Le tigre qu'on mettait en présence des éléphants avait déjà fait plusieurs victimes lorsqu'il fut pris dans un piège; aussi voulut-on que son exécution eût lieu avec le plus de pompe possible, et il y avait, ce jour-là, un public fort nombreux. Ce tigre était d'une taille peu ordinaire; il semblait ne rien redouter, et, lorsqu'on le fit sortir de sa cage, il bondissait, cherchant à rompre son câble. Mais, ne pouvant y réussir, il se cacha et se résigna momentanément. Cependant un éléphant, poussé avec vigueur par son cornac et son piqueur, avançait à grands pas, et déjà il était près du petit bois où le tigre se tenait blotti, lorsque celui-ci, comme un trait, s'élança sur la tête de son agresseur, et, avec sa patte de fer, appliqua sur la tempe du cornac un coup tellement violent, qu'il l'étourdit et le fit tomber par terre. Pour comble de malheur, l'éléphant, ne se sentant plus dirigé, rebroussa chemin, et, dans sa fuite, passa sur le corps du pauvre cornac. Un cri d'horreur se fit entendre de toutes parts. Les soldats emportèrent le corps de ce malheureux, et l'on se prépara à un nouveau combat.

« Un autre éléphant fut désigné pour entrer en lutte; mais, cette fois, on eut soin de placer dans la tour qui se trouvait sur son dos, des hommes debout avec des piques dont la pointe était dirigée du côté du cornac, et de ne laisser approcher l'éléphant qu'à une distance assez voisine du tigre pour qu'il pût l'enlever avec ses défenses, mais assez éloignée pour qu'il fût impossible à ce dernier de s'élancer une seconde fois sur l'éléphant. A peine encore pouvait-il atteindre son agresseur, que le tigre, furieux, se précipita au-devant de lui, comptant sans doute plus sur sa ruse et sur sa force que sur ses moyens de défense; mais, se sentant retenu par son câble, sa fureur devint extrême : il bondissait de colère, il se débattait avec rage, et, par un suprême effort, il rompit le lien qui le retenait captif. Ce fut un moment affreux pour ceux qui étaient présents à ce combat; il y eut un désordre général parmi les soldats comme parmi les curieux. Ceux-ci surtout, effrayés, voulant éviter la rencontre de l'animal furieux, prirent la fuite, renversant, culbutant tout ce qu'ils rencontraient, bravant ainsi un danger réel pour éviter un danger inconnu.

« Le tigre, se voyant libre, abandonna son adversaire. Sans doute, sa préoccupation du moment était de regagner les montagnes; aussi chercha-t-il avec persistance à se frayer un passage, malgré la gêne que lui faisaient éprouver ses entraves; il fit, en courant, le tour du champ du combat; partout il voyait des lignes épaisses de soldats qui le menaçaient avec leurs piques et leurs sabres. Mais, payant d'audace et bravant tous les obstacles, il avait déjà réussi à se faire une trouée dans la première ligne de soldats, après avoir blessé quelques-uns d'entre eux, lorsque le mandarin chargé du commandement de la troupe fit entendre un gros jurement : « Si vous ne me reprenez à l'instant cet animal, dit-il à ses « soldats, je vous fais trancher la tête à tous. » A ces paroles menaçantes, les soldats se précipitent sur le tigre; celui-ci s'échappe de leurs mains, non sans avoir causé quelques accidents; ils le reprennent une seconde fois, l'animal s'échappe encore; enfin, pour éviter de plus grands malheurs, le mandarin donna l'ordre de le tuer. Alors une forêt de piques tombèrent s. lui. Il fut percé de part en part. On le traîna sans vie près du buisson, où l'on fit venir plusieurs éléphants qui le jetèrent en l'air, chacun à son tour, et le dernier finit par le fouler avec ses pieds. »

Le tigre est l'être le plus redoutable pour les voyageurs. C'est le plus carnivore et le plus traître de tous les animaux ; il est rusé, leste, d'une force à laquelle rien ne résiste, et sa nature féroce le rend indomptable. Un Français s'était procuré, à Saïgon, un jeune tigre qui n'était pas plus gros qu'un chat ordinaire; il suivait son maître dans ses appartements et jouait même avec les chiens de la maison. Ce petit animal, à mesure qu'il grandissait, changeait d'allure : il devenait de plus en plus grave, et ses yeux perdaient l'expression de douceur qu'ils avaient lorsqu'il était plus jeune. Son maître s'en aperçut; mais il pensait qu'il n'y avait aucun inconvénient à le laisser libre, étant bien nourri et déjà habitué aux personnes de la maison. Cependant un domestique, celui précisément qui avait l'habitude de donner à manger au jeune tigre, s'étant endormi dans une après-midi, fut réveillé en sursaut par son nourrisson, qui, suivant les instincts naturels de sa race, lui avait déchiré le visage. Il n'y avait plus alors à hésiter, et l'on jugea prudent de le mettre en cage.

III.

ANECDOTES ET FAITS DIVERS.

Les plus grands ponts du monde.

Au milieu de l'année 1884, un pont colossal fut inauguré sur le fleuve Dniéper, auprès de la ville de Jekaterinoslaw, en Russie : il a mille deux cent soixante-quatre mètres de longueur. A cette occasion, un statisticien a dressé la liste des ponts les plus remarquables par leurs dimensions. Nos lecteurs vont voir par la nomenclature suivante que le pont de Jekaterinoslaw n'occupe que le sixième rang parmi *les plus grands ponts du monde.*

Celui qui, sous le rapport de la longueur, peut être appelé le *roi* de ces grands travaux d'utilité publique, est sans contredit le pont de Montréal, sur le fleuve Saint-Laurent. Il relie la grande cité canadienne au vaste réseau des voies ferrées de la compagnie du Grand-Tronc, et notamment aux embranchements qui conduisent aux Etats-Unis. Sa construction n'a pas de pareille au monde. Sa longueur est de 2,037 mètres ; il a 24 arches de 78 mètres d'ouverture chacune, et une vingt-cinquième — celle du centre — qui en a 106. Les piliers et les abords en pierre de taille, scellés dans le granit qui forme le lit du fleuve, supportent, à près de vingt mètres au-dessus des plus hautes crues, un énorme tube en fer, dans lequel s'engouffrent les longs convois de la compagnie du Grand-Tronc canadien. La descente des glaces, l'amoncellement des neiges, ont nécessité la construction de ce colossal tunnel aérien, le seul de cette grandeur qui existe au monde. Il a été inauguré en 1857, après cinq ans et demi de travaux. Il a coûté environ 40 millions de francs ; et tels ont été les dangers et la difficulté de l'entreprise, que la statistique des martyrs du travail y a inscrit près de deux cents noms.

Celui qui le suit est le pont de Brooklyn, destiné à relier, par-dessus l'East-River, les deux villes de New-York et de Brooklyn, dont les communications, parfois interrompues par les glaces, ne s'opéraient que par des *ferry-boats*, ou, pour parler français, par des bacs. Il a été livré à la circulation le 24 mai 1883. La longueur totale, les approches comprises, est de 1,826 mètres. Il a une hauteur de 41 mètres au-dessus du niveau de la rivière à marée haute, et cette rivière, ce grand fleuve plutôt, il le franchit en une seule portée de 486 mètres 50.

Le pont de Brooklyn.

Le tablier a 26 mètres de largeur, réparti en cinq avenues parallèles : deux pour le chemin de fer, deux pour les véhicules et une pour les piétons. Le projet de ce grand ouvrage a été dirigé par M. John Rosbling, l'ingénieur auquel on doit aussi les ponts du Niagara et de Cincinnati ; l'exécution des travaux a duré *treize ans*, et le travail a coûté 78 millions de francs environ.

Le pont de Rapperswyl, qui, avec ses 1,600 mètres de longueur, occupe le troisième rang, n'a pas l'aspect imposant de ses rivaux américains, tant s'en faut. Il est bâti sur pilotis, à l'extrémité orientale du lac de Zurich, et fait communiquer la petite ville de Rapperswyl avec la rive opposée. Il ne mesure que 4 mètres de largeur.

Le pont du chemin de fer d'Orenbourg, sur le Volga, près de Sysran, qui suit immédiatement le précédent au point de vue de la longueur, est de construction récente. Il date de 1880. Il est à 13 arcades, élevées à 60 mètres au-dessus du niveau du fleuve. Il mesure 1,484 mètres de longueur et a coûté 18 millions et demi de francs.

Voici maintenant la liste des vingt-six plus grands ponts du monde, y compris ceux dont nous venons de parler et qui tiennent la tête :

1. Le pont de Montréal, sur le Saint-Laurent. . . . . 2,637 mètres.
2. —   de Brooklyn, sur l'East-River . 1,826   —
3. —   de Rapperswyl, sur le lac de Zurich. 1,600   —

4. Le pont du Volga, près de Sysran, en
Russie. . . . . 1,484 mètres.
5. — du Moerdyck, en Hollande. . . 1,478 —
6. — du Dniéper, près de Jekatérinos-
law (Russie,) . . . . ! . . . 1,264 —
7. — de Kiew, encore sur le Dniéper. 1,082 —
8. Le pont-barrage du Nil (pointe du Delta), 1,000 —
9. Le pont « Kronprinz-Rudolf-Brücke »,
sur le Danube (au *Prater*, à
Vienne). . . . . . . environ 980 —
10. — du Dniéper, près de Krement-
chong (Russie) . . . . . . 975 —
11. — de Bommel, sur la Meuse (Hollande). . . . . 918 —
12. Les deux ponts de Rotterdam, en Hollande, sur la Meuse, environ 850 —
13. Le pont du Mississipi, dans l'Illinois. . 776 —
14. —   — à Saint-Louis. . 772 —
15. — du Saint-Esprit, sur le Rhône, en
France. . . . . 738 —
16. — de Culemborg, sur le Rhin, en
Hollande. . . . . 704 —
17. — de Cincinnati, sur l'Ohio. . . . 670 —
18. — viaduc de Chaumont, sur la vallée de la Suize, en France . , 600 —
19. — du détroit de Menai, en Angleterre . . . . 557 —

20. Le pont de Cubzac, sur la Dordogne (sans
      les deux viaducs d'abord qui
      lui donnent une longueur de
      1,545 mètres, et qui le met-
      traient au quatrième rang,
      entre le pont de Rapperswyl
      et celui de Sysran. . . . .   545 mètres.
21.   —   de Varsovie, sur la Vistule. . .   508   —
22.   —   du chemin de fer, à Bordeaux,
             sur la Garonne.   501   —
23.   —   de pierre, à Bordeaux, sur la
             Garonne.   487   —
24.   —   de Beaucaire, sur le Rhône. . .   438   —
25.   —   de Tours, sur la Loire   434   —
26.   —   Alexandre, à Saint-Pétersbourg.   405   —

———

IV.

QUELQUES ESQUISSES DE PORTS DE MER.

Auray.

Auray, chef-lieu de canton du département du Morbihan, dans l'arrondissement et à trente-huit kilomètres sud-est de cette préfecture maritime, est une jolie petite ville de quatre mille cinq cents habitants, traversée par l'Auray et située dans une profonde baie.

Quoique cette gentille cité, historiquement célèbre, prétende se donner pour fondateur le roi Artus lui-même, dit un savant géographe, on ne connaît rien dans l'histoire qui paraisse justifier une si grande ambition nobiliaire. Dans un diplôme daté de 1069, on en trouve la première mention sous le nom de

Château d'Alrac. Autour de ce château s'élevaient des cabanes de pêcheurs. La situation convenait en effet à une telle population : Auray est située au fond du golfe que forme l'embouchure de la rivière du même nom ; elle possède même aujourd'hui un excellent port où pénètrent des vaisseaux de fort tonnage, et qui est profondément encaissé dans la colline sur laquelle la ville s'élève.

Les habitations d'Auray s'étagent sur tout le flanc de ce coteau, dont presque tout un côté est occupé par une ravissante promenade d'où l'on domine le cours de la rivière et d'où l'on jouit d'une vue magnifique. On y remarque la très curieuse église de Saint-Gildas, construite en pierres granitiques ; l'église du Saint-Esprit, vaste édifice d'architecture arabe ; l'hôtel de ville, construction du xviie siècle.

Auray est une des premières stations d'ostréiculture de la France, non par la qualité, mais par la quantité de ses mollusques : deux cent quatre-vingt-dix-sept parcs d'huîtres, dans le district d'Auray, ont fourni au commerce, en 1875-76, sept millions cinq cent trente-huit mille cent cinquante huîtres, d'une valeur de 202,832 fr.

Le port d'Auray reçoit un grand nombre de petits navires de cabotage, et ses marins se livrent activement à la pêche de la sardine. Un service régulier de bateaux à vapeur relie cette petite ville à celle du Palais, à Belle-Isle-en-Mer. Elle est en outre traversée par la ligne du chemin de fer de Tours à Brest, dont elle forme une station.

La ville d'Auray fut autrefois très florissante, lorsque les

Danois, les Suédois et les Norvégiens venaient s'y approvisionner. C'était, en effet, par le commerce qu'elle s'était peu à peu accrue sous les dominations successives des comtes de Guingamp et des ducs de Bretagne. Les fortifications dont le duc Arthur Ier entoura le château en 1201 en firent un point fort important pour la guerre. Dans les discordes dont la Bretagne fut si longtemps déchirée au XIVe siècle, le château attira les regards des deux compétiteurs à la succession de Bretagne — Charles de Blois et Jean de Montfort — et fut témoin de la bataille qui, le 29 septembre 1364, décida en faveur de ce dernier et termina cette longue querelle. Voici, d'après M. Duruy, le récit de cet important fait d'armes :

Les rois de France et d'Angleterre s'étaient réservé le droit de secourir, sans enfreindre la paix qu'ils avaient conclue entre eux, les deux prétendants qui se disputaient la possession du duché. En vertu de cette stipulation singulière, le roi de France mit au service de Charles de Blois mille lances et son bon capitaine Bertrand du Guesclin. L'Anglais ne voulut pas demeurer en reste, et Jean de Montfort reçut du prince de Galles deux cents lances, deux cents archers et bon nombre de chevaliers, avec le brave et prudent Chandos. La rencontre eut lieu près d'Auray. Les Anglais et Montfort occupaient une hauteur, comme à Poitiers, comme à Cocherel. Du Guesclin n'aurait pas eu l'imprudence de les attaquer dans une pareille position ; mais Charles de Blois s'obstina à combattre. Les seigneurs bretons de l'un et l'autre parti voulaient d'ailleurs en finir avec cette longue rivalité, et ils avaient même résolu

« que si on venoit au-dessus de la bataille, que messire Charles de Blois fût trouvé en la place, on ne le devoit point prendre à nulle rançon, mais occire. Et ainsi, en cas semblable, les François et les Bretons en avoient ordonné de messire Jean de Montfort; car en ce jour ils voulbient avoir fin de bataille et de guerre. »

Forcé de combattre, du Guesclin disposa ses troupes en si belle ordonnance, que le commandant anglais, en les voyant venir, ne put retenir lui-même un cri d'admiration : « Que Dieu m'aide, dit-il, comme il est vrai qu'il y a ici fleur de chevalerie, grand sens, et bonne ordonnance ! » Mais Chandos était aussi un excellent capitaine, qui, outre l'avantage de la position prise, s'était ménagé une réserve pour soutenir ceux des siens qui faibliraient. Cette précaution lui assura la victoire; du Guesclin, malgré toute sa valeur et sa prudence, tomba prisonnier entre les mains de l'ennemi, et ne s'en tira qu'au prix d'une rançon de 100,000 livres (environ 6 millions de francs d'aujourd'hui). Charles de Blois fut tué avec la plupart des grands seigneurs qui l'entouraient. Cette défaite du parti français, en Bretagne, n'eut pourtant pas de suites trop fâcheuses. Le roi négocia. Par le traité de Guérande (11 avril 1363), Jean de Montfort fut reconnu comme duc de Bretagne; la veuve de Charles de Blois n'eut que le comté de Penthièvre avec la vicomté de Limoges. Jean IV, rétabli par les Anglais, n'en vint pas moins à Paris, au mois de décembre 1366, faire hommage à Charles V, le genou baissé, les mains jointes entre celles du roi, son chancelier déclarant pour lui qu'il faisait hommage tel que les ducs de Bretagne, ses prédécesseurs, l'avaient fait aux précédents rois de France, sans qu'il fût décidé si cet hommage était lige ou ne l'était pas, c'est-à-dire si le duc devait ou non au roi le service envers et contre tous.

Tel est le principal événement qui a fait la célébrité d'Auray. Cette ville, dit Malte-Brun, « fut encore prise par Clisson pour Charles V en 1377; par Jean IV en 1380; par les troupes de Charles VIII en 1487. Cependant son château tombait tellement en ruines au XVIe siècle, que Henri II en fit achever la démolition et transporter les pierres à Belle-Isle, où l'on construisait un fort. Il ne reste plus aujourd'hui de ce château si redoutable au moyen âge que quelques arcades et quelques voûtes qu'on aperçoit de loin sur les hauteurs qui dominent le port.

« Pendant la Ligue, Auray fut prise et reprise sans pouvoir se défendre. Sous l'autorité de Mercœur, elle lia des relations de commerce avec l'Espagne. La fondation de Lorient ruina enfin toute sa prospérité. Elle devint, suivant l'expression du savant et consciencieux Ogée, « un séjour de misère et de « tristesse. » Elle s'est relevée de nos jours. Son port, ses chantiers, où l'on construit beaucoup de chasse-marées, y attirent assez de mouvement. Elle fait la pêche de la sardine, le grand et le petit cabotage, le commerce des grains, des fruits, du beurre, du miel, des cuirs, des chevaux et des bestiaux. Elle possède, en outre, une filature de coton, des fabriques de dentelles et des tuileries. Sa situation pittoresque au milieu d'un bel horizon, son église gothique du XIIIe siècle, sa promenade élevée, méritent l'attention du voyageur. »

C'est dans la vallée qui s'étend au pied d'Auray que furent fusillés, par ordre de la Convention, les prisonniers faits à Quiberon, le 21 juillet 1795, par le corps expéditionnaire qui avait mission de s'opposer au débarquement en Bretagne des émigrés royalistes soutenus par la flotte et les troupes anglaises. L'endroit où eut lieu l'exécution de ces Français a été baptisé du nom de *Champ des martyrs* par les royalistes bretons, et cette appellation lui est demeurée. Le gouvernement de la Restauration a même fait élever à proximité — à côté du magnifique couvent de la Chartreuse — une chapelle, dans le caveau de laquelle ont été recueillis les ossements de ces victimes de nos discordes civiles.

A quatre kilomètres d'Auray, se trouve la chapelle de Sainte-Anne d'Auray, grande et magnifique église, reconstruite il y a une vingtaine d'années, et célèbre lieu de pèlerinage : à Sainte-Anne viennent, chaque année, des milliers de paysans bretons, désireux d'assister et de prendre part au *pardon*, c'est-à-dire à la fête de l'endroit.

Non loin d'Auray également sont situés Carnac et Locmariaquer, célèbres par leurs très remarquables monuments druidiques.

Nous avons dit plus haut qu'Auray est une des premières stations d'ostréiculture de la France. Mais avant de se livrer à l'élevage et à la culture de ces mollusques dans les parcs, il faut, ou les faire naître, ou les pêcher tout jeunes, afin de les enfermer un certain temps dans les réservoirs spécialement aménagés à leur usage. Les marins d'Auray se livrent également avec ardeur à cette pêche des huîtres naturelles à

La Chartreuse d'Auray.

l'époque où elle est permise, à l'époque *de la drague*, comme on dit dans le pays.

On appelle ainsi les quelques jours de l'année pendant lesquels la pêche de l'huître, interdite en tout autre temps, est autorisée dans la rivière d'Auray. C'est toujours dans la première moitié du mois de mars qu'a lieu *la drague*, et, longtemps à l'avance, les pêcheurs se font inscrire pour y prendre part; aussi leur nombre oblige-t-il l'inscription maritime qui préside à cette pêche à les répartir par séries : rouge, bleue, verte et jaune. Chaque série a son jour et son emplacement désignés; les heures varient suivant la marée.

Cent cinquante bateaux environ composent chaque série; chaque bateau est monté par trois hommes et un mousse, celui-ci remplacé parfois par une femme. La pêche se fait au moyen de dragues, filets spéciaux armés d'une sorte de râteau de fer à leur partie inférieure, qui ramènent tout ce qui se trouve au fond de la rivière.

A l'heure indiquée, tous les bateaux de la série viennent se mettre en rang: un garde-côte de l'Etat donne le signal par un coup de canon, et aussitôt toutes les dragues sont lancées à l'eau, tous les pêcheurs font force de rames; il s'agit de relever et de rejeter leur filet le plus de fois possible jusqu'à ce qu'un nouveau coup de canon annonce la fermeture. Tout cela ne va pas, naturellement, sans force bousculades; parfois même un pêcheur tombe à l'eau; mais il y a rarement d'accidents sérieux.

La pêche terminée, on vient soumettre ses prises à l'inspecteur, qui fait remettre dans la rivière les huîtres qui n'ont pas atteint la taille réglementaire. On procède ensuite au triage, au nettoyage, puis on vend sur place à la *mannée*.

Les prix de vente sont essentiellement variables, suivant que les huîtres sont comestibles, ou des *poneuses* (pondeuses), ou enfin du *naissain* (petites huîtres, trop petites pour être mangées). Ce sont en général les comestibles et le naissain qui atteignent les prix les plus élevés ; le naissain se vend bien, surtout lorsque l'élevage manque dans les parcs : on vient alors s'approvisionner à la drague de sujets à engraisser. Par conséquent les prix de la *mannée* sont très variables suivant les années, tantôt 5 à 6 fr., tantôt 10 à 12 fr.

Un dragueur peut récolter six à sept *mannées* pendant le temps très court de la pêche (une heure, une heure et demie au plus). Ce sont donc de belles journées pour les pêcheurs, et il ne faut pas s'étonner de leur empressement à se faire inscrire pour la drague.

Un détail qui va détruire bien des illusions, c'est qu'un grand nombre de parqueurs renommés pour leurs huîtres de Cancale ou de Marennes viennent chercher leurs élèves à Auray et sur les côtes de la basse Bretagne. Quelques mois de séjour dans des parcs spéciaux suffisent à transformer les enfants de la drague en premiers sujets de l'ostréiculture.

V.

VARIÉTÉS.

Ouragans, trombes et cyclones.

La France fut durement éprouvée au point de vue météorologique pendant toute l'année 1887. Jamais peut-être, écrivait-on à ce propos dès le mois d'août de cette triste année, jamais la pluie, la grêle, les tempêtes, les ouragans et les trombes n'auront plus cruellement exercé leurs ravages sur le vieux monde ; jamais la France n'aura eu autant de chocs violents à supporter, autant de phénomènes terribles à consigner, et, ce qui est plus lugubre à dire, autant de misères à consoler.

Ici, c'est une rivière dont les eaux soulevées en trombes gigantesques sortent de leur lit et s'en vont à travers les campagnes, brisant les arbres, arrachant les maisons, renversant les villages; là, c'est un ouragan terrible dont les tourbillons s'engouffrent dans une petite commune, renversant tout sur leur passage et laissant derrière eux la ruine et la mort.

Pas un département que les orages n'aient atteint, pas une province où la foudre n'ait frappé quelque victime.

Ce ne sont que maisons emportées comme fétu de paille, granges brûlées, récoltes anéanties; puis encore des arbres hachés par la grêle, des prairies noyées sous des torrents.

Contre ces phénomènes destructeurs, la plupart des précautions humaines restent inutiles, et le génie industriel de l'homme se trouve impuissant devant cette colère des éléments.

Les physiciens ont étudié les tourbillons et nous ont donné la loi des tempêtes; nous savons comment ils se forment, se lancent et tournent sur eux-mêmes; mais c'est tout et c'est peu.

On dirait que les *tornados* du nouveau continent et les *trombes tournantes* des mers tropicales ont élu domicile en Europe.

Nos lecteurs savent déjà sans doute qu'on donne le nom de *tornado*, c'est-à-dire tourbillon, à un vent violent qui règne aux mois de juillet, août et septembre, sur les côtes occidentales de l'Afrique, depuis le Sénégal jusque vers l'équateur, et qui s'annonce par un grain nuageux du sud-est.

Quant aux *ouragans*, ce sont des coups de vent violents « qui s'élèvent brusquement et embrassent un espace circonscrit dans lequel le mouvement de l'air a une direction unique. Les ouragans sont généralement accompagnés de pluie, de grêle et

de tonnerre. Leur puissance est quelquefois énorme; ils
déracinent ou même rompent de gros arbres, renversent des
édifices, etc. Néanmoins, ils se transportent dans l'espace
avec une certaine lenteur, et le télégraphe électrique peut
annoncer leur arrivée et prémunir contre leurs effets. Les
ouragans ne diffèrent guère des *tornados*, si fréquents dans les
régions tropicales, que par leur moindre étendue. » Ajoutons

Effets d'un ouragan.

que les *cyclones* sont des tornados d'une puissance et d'une violence des plus effrayantes et redoutables.

La *trombe* enfin, nous dit M. N. Bouillet, est une « colonne
de vapeur plus ou moins contournée et inclinée qui va d'un
nuage à la terre ou à la mer, et qui est le plus souvent animée
d'un mouvement gyratoire rapide, ainsi que d'un mouvement

de translation. L'air tourbillonne autour de la colonne jusqu'à une certaine distance au delà de laquelle règne un calme absolu; souvent, du milieu de la trombe s'échappent des éclairs accompagnés de roulement de tonnerre. Les *trombes de mer*, qu'on appelle *ascendantes* ou *descendantes*, suivant qu'elles commencent par un cône s'élevant de la mer ou descendant des nuages, sont redoutables aux navires qu'elles rencontrent sur leur passage; elles les entraînent, les soulèvent et les submergent la plupart du temps. En attaquant ces trombes à coups de canon, on peut diviser la colonne, et intercepter par suite la communication entre le nuage et la mer, ce qui écarte du moins momentanément le danger. Les trombes de mer semblent être particulières aux régions intertropicales. Les *trombes de terre* sont ordinairement précédées d'une chaleur étouffante, d'un calme plat et d'une baisse énorme du baromètre. Elles ne sont pas moins redoutables que les précédentes, et les dévastations qu'elles produisent sont épouvantables. On cite, en France, celle de Châtenay en 1839, et celle de Monville et Malaunay en 1845, qui produisirent sur leur passage de véritables désastres.... »

En 1839, le 18 juin, une trombe s'abattit en effet sur Ecouen et Châtenay. Après un violent orage, un effrayant tourbillon de poussière et de terre s'avança avec un roulement confus, semblable à celui qui précède les rafales. C'était comme un immense cône renversé, dont le sommet, rouge de feu, était distant de six à huit mètres du sol. Sur son passage, les arbres étaient arrachés, leurs feuilles desséchées et roussies sur les bords : ainsi tous les arbres du parc du château de Fontenay furent arrachés.

Effroyable encore la trombe qui ravagea, le 18 juin 1863, l'arrondissement de Loudun, détruisant en partie les villages de la Roche-Rigault, de la Rivière et de Ceaux, rasant tout sur son passage.

Mais le plus terrible des phénomènes atmosphériques de cette nature qui aient désolé notre chère patrie paraît jusqu'ici avoir été la trombe furieuse qui éclata dans la vallée de Monville, près de Rouen, le 19 août 1845.

Deux vents violents, soufflant en sens inverse, s'étant contrariés, dit un auteur qui raconte ce funeste événement, « il en est résulté la formation d'un cône qui descendit des nuages, le sommet vers la terre, en tournoyant avec une effrayante rapidité. De son sein jaillissaient des éclairs; il répandait au loin une forte odeur de soufre, et l'on assure que des nuages rouges et noirs s'y mouvaient verticalement, lancés et relancés avec une force prodigieuse. On entendait un roulement semblable à celui qui précède la grêle. Le baromètre baissa tout à coup de seize millimètres; la température s'éleva rapidement, un courant d'air chaud pénétrait la trombe. Le météore courait vers l'est en renversant tout ce qu'il trouvait sur son passage; il fit une trouée à travers une forêt sans épuiser sa force, coupant ou tordant les arbres, les projetant à droite ou à gauche.

« Il s'abattit ensuite sur trois des principales usines de la vallée.

« C'étaient de belles et riches filatures; toutes trois ont été littéralement réduites en miettes. Pour comble de fatalité, c'est à l'heure où le personnel complet des usines est au travail que le sinistre a éclaté.

« La destruction de ces établissements a été plus rapide que l'éclair : quarante personnes ont perdu la vie; cent ont été blessées, la plupart mortellement.

« Au bout de deux ou trois minutes, le météore avait cessé. Un vent violent, causé par cette effroyable perturbation de l'atmosphère, souffla encore quelques heures jusqu'à d'énormes distances : les débris des usines furent emportés jusqu'à dix lieues.

« Un trait bien remarquable de courage, inspiré par l'amour filial, a signalé cette affreuse catastrophe.

« La population, accourue de toutes parts, travaillait, sous la direction des autorités, à déblayer les décombres des usines, pour retirer les victimes ensevelies sous les débris, et donner des secours à celles qui pourraient encore en recevoir. M. Neveu, l'un des trois propriétaires des filatures détruites, inspirait surtout un vif intérêt. Depuis longtemps on le cherchait sans pouvoir le découvrir, lorsqu'on entendit pousser des cris à demi étouffés sous les ruines; c'était M. Neveu qui appelait. On dirigea les fouilles de son côté.

« On le trouva appuyé sur les deux poignets, le dos en voûte, supportant une masse de décombres, et protégeant sa mère, qui était tombée devant lui, et qu'il aurait étouffée sans son admirable courage. Il était resté dans cette position formant une voûte au-dessus d'elle. Tous deux ont été retirés sans blessures sérieuses.

« M. Neveu n'était pas resté moins de trois heures dans cette horrible position, continuant de protéger sa mère avec

Trombe de mer.

un courage héroïque; et telle avait été sa contraction musculaire, que la réaction qui s'était opérée après sa délivrance lui a causé une prostration absolue. Après être resté plusieurs heures sans pouvoir articuler un seul mot, il a enfin repris

connaissance, et ses premières paroles ont dignement cou
ronné son dévouement :

« — Je sais, a-t-il dit, que je suis ruiné; mais je ne me
plains pas; j'ai eu le bonheur de sauver ma mère. »

Ainsi que nous le disions au commencement de ce chapitre,
plusieurs trombes, moins violentes et désastreuses toutefois
que celle de Monville, ravagèrent en 1887 un certain nombre
de départements du midi de la France.

Quant aux cyclones, qui, comme nous l'avons vu plus haut,
ne se produisent guère que dans les régions intertropicales, un
de ces terribles phénomènes atmosphériques s'abattit sur l'île
de Cuba les 4 et 5 septembre 1888, produisant des dégâts considérables et causant la mort d'un millier de personnes. A la
Havane, l'arsenal, presque tous les édifices publics, les théâtres
et autres salles de spectacle, furent endommagés. De grands
arbres dans les parcs et sur les boulevards ont été déracinés et
ont tué plusieurs personnes en s'abattant.

Presque tous les réverbères ayant été renversés, la ville s'est
trouvée dans une obscurité complète.

De mémoire d'homme, les navires n'avaient jamais subi tant
d'avaries. Plusieurs ont coulé bas; les cargaisons, composées
de tabac et de sucre, ont été perdues. Plusieurs négociants, dont
les marchandises étaient déposées sur les quais, furent ruinés.

Le quartier nord de la ville était entièrement inondé : la
circulation, sauf celle par eau, dut être suspendue. Sur plusieurs points, les voies ferrées s'étaient affaissées et des dérail-
lements se produisirent.

Quelques jours plus tard, le *Courrier de Cuba* donnait sur les ravages causés par le cyclone les détails complémentaires suivants :

« Dans la province de Santa-Clara, disait ce journal, les dégâts sont évalués à plusieurs millions de dollars. A Sagua, vingt maisons à peine ont échappé au désastre, la désolation et la ruine sont complètes. Les rivières ont débordé, les navires ont sombré ou se sont échoués, d'autres ont été emportés par les eaux jusque dans les rues de la ville. Cent personnes ont péri à Cardenas, soixante-dix à Cabarien.

« On évalue à mille le total des victimes dans l'île de Cuba. Beaucoup de personnes ont, en outre, été blessées.

« Le centre du cyclone, entré dans l'île près de Sagua, l'a traversée entre la Havane et Batabano, en passant par Consolacion del Sur, et est sorti dans la direction de Vera-Cruz.

« Franklin a su arracher la foudre au ciel en nous donnant le paratonnerre, trop peu employé encore dans les campagnes : quelque autre physicien nous apportera-t-il le moyen de diriger les tempêtes, de briser les trombes et d'arrêter les tourbillons?

« L'homme, qui a dompté tant d'éléments, se rendra-t-il encore maître de ces phénomènes?... Il faut le souhaiter. »

VI.

LES DÉVOUEMENTS.

Abel Jannet.

Abel Jannet, mort tout jeune victime de son dévouement à ses semblables, fut un de ces hommes de cœur dont il serait regrettable de laisser tomber dans l'oubli les œuvres et les actions. *La Galerie photographique et historique des Sauveteurs* va nous faire connaître quelques-unes de ces dernières.

« Abel Jannet, disait cette publication il y a une trentaine d'années, est homme d'idée et d'action ; il a commencé très jeune la pratique de cette fraternité sublime qui veut que nous exposions notre vie pour sauver celle de ceux qui sont en danger.

« Dès l'âge le plus tendre, il passait des journées entières à courir dans les champs et à se baigner dans la Charente.

Comme une cane vagabonde,
J'allais me jeter vite à l'eau,

dit-il dans une ravissante poésie (*Quand j'étais petit*). Aussi devint-il bientôt l'un des meilleurs nageurs de son département.

« C'est à douze ans que, pour la première fois, Jannet commence son rôle de sauveteur. Un de ses camarades, de quatre ans plus âgé que lui, entraîné par un courant rapide est sur le point de se noyer, lorsque, n'écoutant que son courage, il s'élance au milieu du fleuve et retire le jeune imprudent du gouffre qui allait se refermer sur lui. Deux ans plus tard, se baignant avec plusieurs enfants de son âge, il en sauve un qui avait déjà disparu sous l'eau et qu'on croyait à jamais perdu.

« De 1848 à 1858, il a le bonheur d'arracher à la mort trois personnes qui, sans lui, périssaient dans les hautes herbes dont la Charente est pleine en certains endroits.

« Le 3 juillet 1858, le sauvetage du nommé Delâge lui vaut la médaille de deuxième classe.

« Mais où Abel Jannet a déployé une bravoure, un sang-froid, une habileté de nageur remarquables, c'est dans la circonstance suivante :

« Le 6 juillet 1860, le fils du lieutenant des sapeurs-pompiers Latache, enfant de quinze ans, nageait dans un endroit rapide

et profond de la Charente. Ses forces étaient devenues impuissantes contre le courant ; il disparut. Un ancien mousse,
Durand, plus hardi que les autres baigneurs, se jeta à son
secours ; mais s'étant laissé saisir, ils disparurent tous deux,
entrelacés, et le mousse, quoique bon nageur, allait payer de
sa vie son dévouement, lorsque, aux cris poussés par quelques
spectateurs, Abel Jannet s'élance dans le fleuve, dégage le
mousse et ramène l'enfant à terre aux applaudissements des
témoins de cette scène émouvante. En récompense de sa belle
action, le vaillant sauveteur reçoit cette fois la médaille de
première classe. »

Abel Jannet, né à Angoulême le 7 août 1834, avait alors
vingt-six ans et avait déjà sauvé la vie à huit personnes.
C'était d'ailleurs le garçon le plus doux, le plus simple et le
plus modeste que l'on pût rencontrer.

« Si vous félicitez Abel Jannet sur son courage, a-t-on pu
lire de lui, il vous répondra que c'est l'instinct du sang,
l'exaltation de la pitié, qui poussent à agir ainsi, et que ce
n'est pas un mérite. Il ne connaît qu'un courage vrai, et que
nous devons tous saluer, c'est l'honnêteté persistante devant
les anomalies du hasard et la chance des turpitudes.....

« Comme on le voit, c'est une vie dignement remplie que la
sienne. Sa modestie égale son dévouement, et ce n'est pas, à
nos yeux, une des moindres qualités de cette vigoureuse
nature qui, dans ses écrits, flagelle avec tant de vigueur les
vices, les petites vanités, les passions mesquines qui grouillent
autour de nous ; il défend avec force et talent les esprits supé-

rieurs incompris des masses; il lutte aussi courageusement contre le courant des passions que contre celui des fleuves. »

Car Abel Jannet était un écrivain de talent, un poète, et un vrai poète. Un honorable habitant d'Angoulême, homme de cœur, lui aussi, M. H. Bujeaud, a raconté dans une lettre récemment publiée une fort curieuse anecdote tendant à prouver le talent et l'incontestable tempérament littéraire d'Abel Jannet.

« Un soir, dit-il, au café des *Variétés*, un de nos amis, Catulle Mendès, feuilletait les *Emotions de citoyen*, livre du jeune poète charentais; Henri Murger, qui était tout près de lui, lui demanda ces poésies, que notre ami s'empressa de lui prêter. A peu de temps de là, rencontrant Murger, Catulle Mendès lui réclama son volume.

« — Mon cher, lui répondit le chantre de *la Bohême*, je le garde, car il est d'un vrai poète qui ira loin. Il y a des défauts, beaucoup de défauts — défauts de jeunesse — mais les qualités l'emportent, et c'est chose tellement rare aujourd'hui que l'*idée* dans la poésie, que je ne me défais pas de ce volume (1). »

Toutefois la célébrité d'Abel Jannet n'a point dépassé les limites de sa région natale. D'abord il est mort jeune, sans avoir pu donner tout ce que promettait son talent; puis il n'a jamais eu les moyens d'aller habiter Paris et de se faire connaître du grand public.

« Abel Jannet, ajoute M. H. Bujeaud, plein de force et de

---

(1) Quelque temps après cette conversation, Henri Murger mourait à l'hôpital.

santé, plus riche de cœur, d'esprit, de courage et de dévouement que d'argent, depuis quelque temps habitait Cognac, où
il avait un emploi. Vers le 1ᵉʳ janvier 1865, un soir, par un
froid vif, passant avec quelques-uns de ses amis près de la
Charente, ils entendirent crier :

« — Au secours ! un homme se noie !

« Jannet s'élance, plonge..... L'homme est sauvé ! Quelques
jours après (le 12 janvier), Abel Jannet expirait, âgé de trente
ans et cinq mois, victime de son dévouement. Son corps fut
transporté à Angoulême.

« Une foule émue et recueillie, venue de la ville, des fau-
bourgs et des campagnes, assistait au service funèbre de ce
jeune homme, enlevé à sa famille et à ses amis par une fluxion
de poitrine, résultat de son dernier sauvetage. »

N'est-il pas vrai que le nom d'Abel Jannet est de ceux qui
méritent de ne pas être oubliés?...

VII.

NOS STATUES.

Le général Foy.

Le dimanche 20 juillet 1879, dès le matin, des visiteurs accouraient en foule dans la petite ville de Ham. Il en venait, non seulement de tous les côtés de la Picardie, mais encore de plusieurs points de la France, car nombreux étaient ceux qui désiraient honorer la mémoire d'un général glorieux, d'un orateur chaleureux, qui fut également, pendant toute sa vie, un citoyen intègre et un honnête homme. C'était en effet pour l'inauguration de la statue du général Foy que tous étaient en fête dans la patriotique cité. Partout, les maisons particulières et les édifices publics étaient pavoisés aux couleurs nationales ; dans les rues et sur les places, des mâts surmontés d'oriflammes et ornés de trophées étaient placés de distance en distance ; en outre, auprès de l'Esplanade, un magnifique arc de triomphe avait été construit par les soldats du 45ᵉ de ligne ; enfin, une superbe estrade était dressée sur la place devant le nouvel hôtel de ville et auprès de la statue, encore recouverte d'un voile bleu.

« Maximilien-Sébastien, comte Foy, qui restera une de nos gloires nationales, naquit à Ham le 3 février 1775. Son père, qui fut maire de Ham, après avoir combattu à Fontenoy, lui fut enlevé dès son âge le plus tendre. Sa mère, restée veuve avec cinq enfants, veilla sur lui avec la sollicitude particulière qui s'attache au plus jeune.

« Doué d'un esprit charmant et d'une mémoire prodigieuse, il était infatigable à l'étude. Il fut admis à quinze ans à l'école d'artillerie de la Fère. » (Discours prononcé à l'inauguration par M. Mercier, maire de Ham.)

A dix-sept ans, après de brillantes études, il fut nommé lieutenant d'artillerie au 3ᵉ régiment, en 1791 ; il se rendit à l'armée du Nord et fit les campagnes de Flandre et de Belgique.

« Après la retraite de Belgique, il passa au 2ᵉ régiment d'artillerie à cheval ; à l'armée du Nord, il sert successivement sous les ordres des généraux Dumouriez, Dampierre, Jourdan, Pichegru et Houchard, qui signalent déjà les brillantes qualités du jeune officier. Capitaine à l'armée de Moreau, en 1794 et 1795, il se lie d'amitié avec le général Desaix.

« En 1796, il se distingue aux combats de Waterwihr, d'Offeinbourg et de Schweighausen. Il passe ensuite sous les ordres du général Abatucci et repousse avec la plus grande bravoure les troupes du prince Charles, qui attaquaient la tête du pont d'Huningue.

« Blessé grièvement au passage du Rhin, à Diersheim, il est nommé chef d'escadron sur le champ de bataille.

« En 1799, il rejoint l'armée de Masséna; il dirige l'artillerie avec tant d'intelligence et d'intrépidité au passage du Rhin, contre les troupes de Korsakoff, qu'il est nommé adjudant-général, chef de brigade.

« En 1800, il assiste aux combats de Schaffouse, sous Masséna; d'Engen, de Moërskirch, de Biberach, sous Lecourbe. Passé au corps du général Moncey, il franchit le Saint-Gothard, pénètre dans la Valteline, et est de nouveau blessé à la tête de l'avant-garde. Après la paix d'Amiens, il rentre en France; en 1803, il est chargé, sous les ordres de l'amiral Bruix, du commandement de six batteries flottantes destinées à défendre nos côtes.

« En 1805, à la Grande Armée, il fait la campagne d'Autriche avec l'artillerie du 2e corps, sous les ordres du général Marmont. En 1807, il est envoyé à Constantinople, avec la mission importante de concourir à l'organisation de la défense des Dardanelles.

« Il passe ensuite à l'armée de Portugal, assiste à la bataille de Vimeiro, où il reçoit une nouvelle blessure. Il est nommé général de brigade le 3 septembre 1808, et prend part à de nombreux combats, dans lesquels il donne d'éclatantes preuves de bravoure, d'intrépidité et d'intelligence de la guerre.

« A la fin de la campagne, il est choisi pour aller exposer à l'empereur la situation difficile de l'armée de la Péninsule. Il traverse l'Espagne, aux prises avec les plus grandes difficultés, qu'il surmonte grâce à son courage et à son sang-froid.

« L'empereur le nomme général de division en récompense des brillants services qu'il avait rendus.

« En 1811 et 1812, nous le retrouvons en Espagne ; il est désigné pour commander des détachements importants, chargés de couvrir et d'éclairer l'armée. Par son activité, son audace, sa prudence, et aussi en raison de la connaissance parfaite qu'il avait du théâtre de la guerre, il surmonte les plus grands obstacles et rend de grands services à l'armée.

« A Salamanque, il couvre la retraite ; il s'empare de vive force de Palencia et de Castro d'Urdiales. Pendant cette retraite, il est toujours au milieu du danger ; aussi est-il blessé grièvement.

« Rentré en France, il organise la défense de la Bidassoa. En juillet 1813, il reprend l'offensive sous les ordres du maréchal Soult, et se distingue dans plusieurs combats. A la bataille d'Orthez, il reçoit une blessure des plus graves qui le force à quitter son commandement.

« En 1815, il est nommé inspecteur général à Nantes. Pendant les Cent-Jours, il rejoint l'armée. Au combat des Quatre-Bras, il repousse une division belge. A Waterloo, il combat avec une rare intrépidité et rentre ensuite dans la vie civile.

« Telle a été la carrière militaire du général Foy, qui se distinguait par des qualités hors ligne, qui font le véritable homme de guerre. Il était studieux, actif, vigilant, attentif aux besoins de sa troupe, administrateur intelligent et intègre. Au combat, il était prompt à concevoir et à exécuter, et savait profiter, avec une bravoure remarquable, des moindres incidents de la lutte.

« Comme écrivain militaire, le général Foy a laissé une histoire, malheureusement inachevée, de *la Guerre de la Péninsule sous Napoléon.* Cet ouvrage est précédé d'un tableau politique et militaire des puissances belligérantes, véritable monument de littérature militaire qui place son auteur à côté de nos plus grands écrivains. » (Discours de M. le général Carteret-Trécourt.)

Après la bataille de Waterloo, le général Foy occupa d'abord ses loisirs à écrire l'ouvrage historique dont il vient d'être question. Puis, en 1819, il fut élu député par le département de l'Aisne et siège constamment au Palais-Bourbon auprès de la Fayette, de Manuel, de Benjamin Constant et des autres représentants du parti libéral. Après la dissolution de la Chambre, en 1824, les électeurs de Paris le nommèrent à leur tour à la Chambre nouvelle, où la droiture de son caractère et la vivacité, la chaleur et le patriotisme de son éloquence accrurent à chaque discussion nouvelle la grande et légitime popularité dont il jouissait dans la France entière.

« Tel on l'avait vu l'épée à la main, tel on le retrouvait à la tribune....

« Foy, pendant cinq ans, profita de toutes les occasions qui lui étaient offertes pour mettre sa chaude parole, sa merveilleuse facilité d'élocution au service du droit et de la justice.

« Avec quelle vigueur il plaidait la cause sacrée des faibles et des sacrifiés ! Avec quelle indomptable persévérance il défendait ces libertés dont la suppression conduit les peuples, par les étapes du despotisme, à la guerre, à l'invasion, au démembrement. » (Discours de M. C. Fouquet, député de l'Aisne.)

« Homme de guerre, homme politique, pour lui le devoir fut toujours le même : assurer la liberté de sa patrie (1), soit en défendant de son épée contre l'étranger l'indépendance du sol national, soit en revendiquant par sa parole, contre toutes les oppressions, le libre exercice des droits qui appartiennent aux citoyens. La *Liberté* et la *Patrie*, il les a sans cesse confondues dans un même amour ; car, s'il a toujours aimé son pays de toutes ses forces, même dans ses fautes, il s'en est fait dans son âme un idéal pour lequel il a versé son sang par quinze blessures et dépensé dans les luttes de la parole toutes les ardeurs de son héroïque nature ; et cet idéal, c'est la France, honorée parmi les nations, conviant tous ses enfants aux œuvres fécondes de la liberté....

« Nul n'a conçu une idée plus haute du mandat législatif, nul n'a mis plus de conscience à en remplir les devoirs et plus de fermeté à en défendre les prérogatives.... Il se livrait avec

---

(1) Lorsque les registres destinés à recueillir les adhésions à la Constitution qui conférait à Napoléon Bonaparte la dignité impériale furent ouverts, Foy, alors colonel, fut du petit nombre de ceux qui ne consentirent pas à approuver cette transformation. Ce fut sans doute la raison pour laquelle il fut laissé pendant neuf ans dans le même grade.

une opiniâtreté de travail qui hâta sa fin à l'examen approfondi de toutes les affaires de son pays.

« Administration, justice, armée, finances, tout lui paraissait familier, tant il apportait de soin à l'étude de toutes les matières qui devaient être soumises aux délibérations des Chambres....

« Il épuisa ses forces.... La fatigue d'un travail assidu, les émotions de la vie parlementaire développèrent les germes d'une maladie de cœur à laquelle il succomba le 28 novembre 1825, et le docteur Broussais, son médecin et son ami, a pu dire : *La guerre a respecté le général Foy, la tribune lui a donné la mort.* » (Discours de M. Cadot, député de la Somme.)

Général savant et courageux, historien consciencieux, homme d'Etat probe et infatigable, orateur chaleureux et convaincu, Foy fut en outre, par ses vertus, le modèle du *citoyen.* « Ce titre, le plus beau de tous, et qui ne convient pas moins sous les armes que sous l'habit civil, personne ne l'a mieux mérité que le général Foy. Il a été citoyen à l'armée comme dans la vie publique, et, de même que sous l'Empire il avait su garder la fierté des soldats de la République, de même sous la Restauration il fut l'énergique défenseur des principes de liberté et d'égalité que la Révolution avait apportés dans le monde. Avant tout, le général Foy a été le fils dévoué de la Révolution française ; c'est ce qui fait l'unité de sa vie. » (Discours de M. René Goblet, député de la Somme et sous-secrétaire d'Etat au ministère de la justice.)

Citoyen, il le fut en effet au début de sa vie comme à la fin de

sa carrière ; aussi bien à vingt ans, quand, arraché aux avant-
postes de l'armée du Nord et jeté dans les prisons de Cambrai
pour avoir blâmé les violences de la Terreur, que lorsque, du
haut de la tribune, il définissait et flétrissait en ces termes
indignés cette aristocratie d'argent de formation nouvelle qui
voulait s'imposer à la France : « L'aristocratie au XIX' siècle,
disait-il, c'est la ligue, la coalition de ceux qui veulent con-
sommer sans produire, vivre sans travailler, occuper toutes
les places sans être en état de les remplir, envahir tous les
honneurs sans les avoir mérités : *voilà l'aristocratie.* »

La France entière recueillait avidement les paroles de ce
vertueux et patriotique citoyen, dont les mâles accents re-
muaient l'âme et réveillaient la pensée. Aussi, lorsque, le
28 novembre 1825, le *Constitutionnel* publia en tête de ses
colonnes les lignes suivantes : *Que la France se couvre de deuil : elle a
perdu aujourd'hui un de ses plus grands citoyens : le général Foy est mort !*
« Cette fatale nouvelle provoqua dans Paris et dans le pays
tout entier une émotion des plus vives. La douleur nationale
se manifesta d'une manière touchante : à l'heure des funérailles, lorsque le cercueil placé sur une voiture des pompes
funèbres sortit de la maison mortuaire, rue de la Chaussée-
d'Antin (1), un cri s'éleva parmi les élèves des Ecoles de droit

---

(1) L'inscription suivante, rappelant la mémoire du général Foy, a été placée sur
la maison qu'il habitait au moment de sa mort, 62, rue de la Chaussée-d'Antin :
« Le général Foy, le grand orateur libéral, né à Ham le 3 février 1775, est mort
dans cette maison le 28 novembre 1825 ».

et de médecine mêlés à des officiers et à beaucoup d'autres
jeunes gens :

« — C'est à nous de le porter, il nous appartient !

« Et en même temps ils chargent sur leurs épaules le précieux fardeau, qu'ils conduisent, au milieu d'une foule
immense, jusqu'à l'église Saint-Jean, rue du Faubourg-Mont-
martre. Au sortir de cette église, les mêmes jeunes gens re-
prirent le cercueil, descendirent le faubourg, gagnèrent la
ligne des boulevards et s'acheminèrent vers le Père-Lachaise.

« Malgré la pluie qui tombait par torrents, plus de cent
mille personnes, maréchaux de France, officiers généraux,
soldats, étudiants, artistes, ouvriers, bourgeois, femmes,
enfants, suivirent la dépouille mortelle du grand citoyen. De
temps à autre, durant le parcours, les porteurs fatigués s'arrê-
taient et étaient aussitôt remplacés par des hommes de bonne
volonté. Lentement, pendant plus de trois heures, le cercueil
s'avança ainsi à travers une foule compacte et recueillie. Sur
les boulevards on entendait, à des intervalles réguliers, ces
cris : « Honneur au général Foy, au défenseur des libertés
« publiques ! » Puis, un instant après : « Place aux enfants
« du général Foy ! » Les pauvres petits suivaient les premiers
le corps de leur père.

« La nuit était venue lorsqu'on arriva au cimetière. Ce fut
à la lueur de quelques torches que Casimir Périer put
s'avancer sur le bord de la fosse pour prendre la parole. Au
moment où l'orateur fit entendre ces mots : « Le général Foy
« est mort pauvre, la France adoptera la famille de son défen-

« seur, » le profond silence qui avait régné jusqu'alors fut interrompu par cette acclamation : « Oui, oui, la France « l'adopte ! les enfants du général Foy sont les enfants de la « patrie ! » Quelques jours après cette scène émouvante, on avait recueilli plus d'un million par souscription nationale. » (Discours de M. Anatole de la Forge.)

Voilà l'homme, voilà le grand citoyen à qui la ville de Ham dressait une statue le 20 juillet 1879. Jamais hommage ne fut mieux mérité. Malheureusement, la fête fut contrariée par une pluie persistante. Généraux, sénateurs, députés, maires, membres et fonctionnaires de l'administration, représentants de la presse et notabilités diverses, étaient accourus pour honorer la mémoire du général Foy, dont la famille était d'ailleurs représentée à la solennité par plusieurs de ses membres.

A deux heures précises, le cortège officiel prit place sur l'estrade aux accents de la *Marseillaise*, jouée par la musique de l'École d'artillerie de la Fère. Dès que, sur un signal donné par M. Mercier, maire de Ham, la statue fut découverte, toute l'assistance salua et applaudit longuement, pendant que les soldats présentaient les armes, que le canon se faisait entendre, que les clairons sonnaient et que les tambours battaient aux champs.

Le bronze, œuvre remarquable de M. Hiolle, représente le général-orateur au moment où, la main gauche appuyée sur le cœur, le bras droit étendu, il s'écrie du haut de la tribune : « Il y a de l'écho en France quand on prononce les mots *Honneur*

Statue du général Foy à Ham.

et *Patrie.* » Cette phrase est d'ailleurs gravée sur le piédestal en granit au-dessous de l'inscription suivante :

AU GÉNÉRAL

FOY

LA VILLE DE HAM.

Sur les trois autres faces du piédestal ont été reproduits des bas-reliefs dus au ciseau de David d'Angers.

VIII.

LES ANIMAUX.

La cigogne.

La cigogne est un oiseau juché sur des pattes très élevées et placé par les ornithologistes dans l'ordre des échassiers. « Comme les bords de son bec sont tranchants et amincis, pareils à des lames de couteau, il a été renfermé dans la sub-division des *cultrirostres*. » Le genre *cigogne* renferme plusieurs sous-genres dont nous ne parlerons point ici. Nous n'avons, en effet, l'intention de nous occuper dans le présent chapitre que des cigognes proprement dites, dont la cigogne blanche est le type le plus répandu.

« Les cigognes proprement dites ont le bec long, conique, pointu et fendu en avant des yeux, le cou et les pieds très longs, quatre doigts, dont trois antérieurs réunis par une membrane, dit M. N. Bouillet. On distingue les vraies cigognes, qui ont la tête emplumée, et les marabous, qui ne l'ont pas et qui ont le bec très gros. La cigogne a des mouvements lents et mesurés ; elle n'a d'autre cri que le clapotement qui résulte du choc de ses mandibules l'une contre l'autre ; elle ne le fait guère entendre que quand elle est effrayée. Cet oiseau vit le long des rivières et dans les marais, où il se nourrit de reptiles, d'oiseaux, de poissons, etc. Il établit son nid sur des arbres élevés ou sur le haut des maisons. Quoique les cigognes aient des ailes de médiocre étendue, elles peuvent franchir d'un essor soutenu d'immenses espaces. Tous les ans, à la fin de l'été, elles quittent les contrées du Nord pour aller s'abattre en Afrique, particulièrement sur les bords du Nil. Les cigognes sont d'un naturel très doux et se familiarisent aisément avec l'aspect de l'homme. »

La cigogne blanche est haute de un mètre à un mètre trente centimètres, y compris son long cou. Ses pieds sont palmés, et, écrivait naguère un savant naturaliste à qui nous empruntons une grande partie de ce qui suit, ses jambes sont si frêles, qu'on a peine à comprendre comment ce corps assez gros s'y tient en équilibre, surtout lorsque, retirant un de ces grêles supports vers le ventre, la cigogne reste immobile sur l'autre. Le bec et les pattes sont d'un beau rouge, le corps est blanc, hors les ailes, qui sont noires.

Cet oiseau n'est pas commun chez nous : la Lorraine et l'Alsace, les deux provinces que nous avons perdues en 1870, sont à peu près les seules régions de notre vieux pays de France où les cigognes daignent poser pied à la suite de leurs longues émigrations. Une culture perfectionnée et le dessèchement successif des marais ayant détruit les repaires les mieux

Cigognes.

fournis en serpents, en grenouilles et autres animaux des terrains fangeux, gibier préféré de la cigogne, elle s'est exilée de tout l'ouest de la France et de l'Angleterre; en ce dernier pays, on n'en a tué, dans l'espace d'un siècle, que deux, égarées et poussées par la tempête.

Sauf cette exclusion, la cigogne blanche, grâce à ses habitudes de voyages, se rencontre dans les contrées chaudes, froides ou tempérées; elle change de climat, selon que l'influence du soleil réveille tout le peuple de reptiles à l'existence duquel sa vie est attachée; car, lorsque l'hiver fait rentrer tous ces animaux à sang froid dans la profondeur des marais et dans leurs retraites cachées, force est à la cigogne de chercher des latitudes plus chaudes, où les reptiles ne tombent jamais dans la torpeur et où par conséquent sa subsistance est toujours assurée.

Les cigognes passent notre hiver en Arabie et en Egypte, et elles arrivent avec le printemps, vers avril et mai, dans nos latitudes tempérées, ainsi qu'en Allemagne, en Hongrie, en Pologne, en Prusse, et surtout en Hollande, terre promise des cigognes.

La nidification de ces oiseaux se lie à des mœurs presque domestiques. Ils bâtissent leurs nids sur les clochers, sur les vieilles tours, quelquefois dans les gouttières d'une simple maison, entre les branches d'un arbre mort.

Dans les campagnes de l'Alsace et dans tous les districts marécageux, où la cigogne rend de grands services en détruisant les serpents et les autres reptiles, les habitants lui préparent une aire pour établir son nid; c'est une vieille roue de voiture, portée à plat par le trou du moyeu au haut d'un long mât. Les Hollandais disposent des caisses sur le toit des maisons; et eux si propres, si jaloux de la netteté extérieure de leurs édifices, ne refusent jamais à la cigogne la libre disposition de la partie du toit qu'elle a choisie pour établir son nid, malgré les inconvénients qui en peuvent résulter. Ce nid est construit de bûchettes, de roseaux enlacés, et recouvert en dedans de mousse ou de laine arrachée par les buissons aux troupeaux; il n'est jamais détruit, et il n'a besoin que d'être renouvelé; il est habité plusieurs années par un même couple, fidèle à sa première demeure, à son premier berceau. Après un long voyage, les cigognes reviennent le rétablir et y déposer leurs œufs, au nombre de deux au moins, de quatre au plus; la femelle les couve avec la plus touchante sollicitude; on l'a vue préférer la mort à la nécessité de les abandonner.

M. Bory-Saint-Vincent a cité un exemple vraiment étonnant de cette persistance de l'amour maternel chez la cigogne. Peu de temps après la bataille de Friedland, le feu mis par des obus se communiqua à un vieil arbre sur lequel une cigogne avait fait son nid et couvait alors ses œufs; elle ne les quitta que lorsque la flamme commença à s'approcher, et alors, voltigeant perpendiculairement et au-dessus, elle semblait guetter l'instant de pouvoir enlever ses œufs au désastre qui les menaçait; plusieurs fois on la vit s'abattre sur le foyer comme pour combattre la flamme; enfin, surprise par la chaleur et la fumée, elle périt dans une dernière tentative.

Après tant de soins pendant l'incubation, viennent les soins de l'éducation; le père et la mère ne quittent pas leurs petits d'un instant; et lorsque l'un d'eux est allé au butin, l'autre fait sentinelle. Peu à peu les jeunes oiseaux s'exercent à voltiger au-dessus du nid, puis à faire en l'air quelques tours; enfin, lorsqu'ils ont acquis la force convenable, ils accompagnent les parents dans les pacages pour chasser et pêcher ensemble, jusqu'à la prochaine émigration où se rompent les liens de famille et où toutes les affections se confondent dans l'esprit qui dirige l'association générale de la tribu. Au moment du départ, toutes les cigognes d'un canton se réunissent en rase plaine; là, le conseil se rassemble et paraît délibérer sur la direction à prendre, sur l'instant du départ; puis une belle nuit.... tout est parti.

Comme, en prenant leur essor, les oiseaux se mettent en longues files, et que les bandes sont nombreuses, on a vu des passages de cigognes durer jusqu'à trois heures.

Les forts et les jeunes soutiennent, dit-on, les vieux et les infirmes, prennent le vent à leur place, et leur évitent ainsi les plus grandes fatigues d'un voyage à tire-d'aile. Le vol des cigognes est fort et soutenu; le cou penché en avant, les pattes rejetées en arrière pour l'équilibre, la cigogne se trouve comme couchée sur l'air, dont elle fend les régions les plus élevées; c'est de cette manière qu'elle traverse de grands espaces de mer.

Nous avons dit que les cigognes trouvent en Hollande bon accueil, gîte et protection : c'est que la chasse qu'elle fait aux reptiles est très utile dans ce pays. On la voit en Hollande au milieu des vaches, et ne s'effarouchant ni des mouvements des troupeaux, ni de ceux des gardiens.

Les anciens Égyptiens et ceux de nos jours l'ont respectée

et la respectent encore; l'opinion publique la protège; un homme qui tue un de ces oiseaux est livré à l'animadversion générale et même à des peines sévères: c'est qu'aussi en Egypte la cigogne dévore les nombreux et dangereux serpents qui pullulent dans la fange abandonnée par le Nil.

Nous avons déjà eu occasion de dire que les Turcs ont pour la cigogne le même respect et la même vénération.

A Bagdad, ils lui permettent de bâtir son nid sur les plate-formes qui terminent les minarets; on se garde bien de déranger le nid; et comme il déborde, et que l'oiseau est placé dessus, le tout semble un complément architectural du minaret lui-même.

Les Turcs lui ont donné le nom de *Hadji Lug Lug* (pèlerin Lug Lug), par le premier mot faisant allusion aux habitudes voyageuses et réputées pieuses de la cigogne, et par la répétition du monosyllabe imitatif *Lug Lug*, faisant allusion à ce claquement de bec qu'elle produit en agitant ses mandibules, et qui ressemble à celui de deux planchettes fortement choquées l'une contre l'autre. On peut l'entendre à la ménagerie du Muséum. C'est le seul bruit d'appel et d'effroi de la cigogne, elle n'a pas d'autre voix.

Du reste, le naturel de cet oiseau a été regardé comme le résumé de toutes les vertus : fidélité, patience, amour des parents envers les petits et des petits envers les parents, sagesse, dévotion même (au dire des bons Turcs, qui croient que la cigogne prie comme eux et avec eux, parce que, la voyant le cou caché entre les épaules, bien silencieuse, bien calme, ils pensent qu'elle médite). Toutes les vertus, disons-nous, seraient son partage. La vérité est que cet oiseau doux, patient, ne se fait connaître à l'homme que par des bienfaits, et qu'il a ainsi mérité dans les avantages sociaux la part que bien des peuples lui ont concédée par reconnaissance.

La cigogne noire, beaucoup plus sauvage que la cigogne blanche, vient également visiter le nord-est de la France. Quant à la cigogne à sac, plus connue sous le nom de *marabou* ou *marabout*, qui a été mentionnée au début de ce chapitre, elle habite exclusivement le Sénégal et l'Inde. On lui donne aussi parfois le nom d'*Argala*.

« Espèce du genre cigogne, le marabou, dit M. N. Bouillet, comprend ceux de ces oiseaux qui n'ont point la tête emplumée, mais parsemée de poils sur une peau rouge et calleuse; ils ont aussi le bec plus gros et de substance plus légère que les autres cigognes. Les parties supérieures sont cendrées; les plumes qui les garnissent sont raides et dures; les parties inférieures sont blanches, à plumes longues; une membrane unique, couverte d'un léger duvet, pend au milieu du cou. Les plumes de la queue, duveteuses et d'un beau blanc, constituent ces panaches légers nommés *marabous*, qui ornent les chapeaux et les coiffures des femmes : leur blancheur, leur légèreté et leur volume en font le prix. Il y a aussi des marabous noirs, mais ils sont peu estimés. Le marabou se réduit facilement en domesticité et rend service en dévorant les immondices et les insectes nuisibles. »

IX.

ANECDOTES ET FAITS DIVERS.

Les roues en papier.

La *Revue universelle des mines* a publié, en janvier et février 1886, des notes de M. J.-G. Freson sur une industrie des Etats-Unis d'Amérique encore peu connue, celle des roues en papier, industrie qui paraît appelée à un certain avenir. Nous empruntons à ces notes les détails fort intéressants qui suivent :

Les *paper car wheels* (roues en papier), dont le succès s'accentue en Europe, datent d'une quinzaine d'années aux Etats-Unis. Dès 1869, Richard Norton Allen, de Chicago, a imaginé de fabriquer séparément le moyeu et le bandage, généralement venus d'une pièce dans les roues américaines, et de les réunir par deux tôles comprenant entre elles un noyau en papier carton.

Par cette disposition, il se proposait d'obtenir une distribution uniforme, dans le corps de la roue, des coups et des chocs provenant du contact du bandage avec le rail, et, grâce à l'élasticité de l'âme, d'amortir les secousses transmises à l'essieu et au wagon tout entier; il y trouvait, en outre, l'avantage particulièrement précieux en Amérique, où le profil accidenté de la voie exige l'emploi du frein à plus de paires de roues que chez nous.

La roue en papier, non seulement par sa composition, mais aussi par la forme de son bandage, constitue l'un des organes du matériel roulant des chemins de fer les plus intéressants et les plus dignes d'attirer l'attention.

Dès 1877, l'*Allen paper car wheel company* a fabriqué des roues en papier à Hudson (New-York). Sa production, qui fut de soixante-quatorze roues la première année, s'est élevée à treize mille roues en 1881. Les ateliers qu'elle a construits à Pullmann City (Illinois) portent sa capacité annuelle à vingt mille roues.

Les feuilles de carton à pâte de paille employées à sa confection sont découpées à la machine en rondelles présentant un trou central pour le passage de l'essieu. Trois de ces rondelles, dont les faces ont été au préalable revêtues d'amidon à l'aide de brosses, sont collées ensemble et forment un disque de 1/4" environ d'épaisseur. Ces disques sont superposés en piles de 3 à 4" (915 à 1,220 millimètres) de hauteur, et soumis, trois heures durant, à l'action d'une presse hydraulique de six cent cinquante tonnes. Ce traitement donne une compacité considérable aux disques primitifs. Il est suivi d'un séjour de deux semaines dans un séchoir chauffé doucement à une température de cinquante degrés centigrades environ. Le travail est continué de la sorte jusqu'à ce qu'on atteigne l'épaisseur voulue, et les disques sont successivement collés, pressés, séchés comme il a été dit. On obtient finalement un bloc très dur de 4" à 8" d'épaisseur, présentant à l'état sec la densité du bois de gaïac et susceptible d'être tourné.

L'épaisseur des plateaux en papier varie suivant leur diamètre. Généralement elle est de 4" à 5" (100 à 125 millimètres). Le disque d'une roue de 26" (660 millimètres) se compose de cent feuilles; celui d'une roue de 33" (838 millimètres) de cent dix-sept feuilles.

Le plateau, amené par le tournage à un diamètre un peu plus grand que le diamètre intérieur du bandage, est enduit d'une préparation sur ses deux faces et ensuite chassé dans le bandage par une presse hydraulique d'une puissance de quatre cents tonnes. Puis les tôles de revêtement sont mises en place; le moyeu, à son tour, est chassé à frottement dur dans le plateau, et les boulons sont serrés.

Une roue de 42" (1,067 millimètres) pèse environ cinq cent quinze kilogrammes, répartis de la manière suivante entre les différents éléments :

Papier.	82 kilogr.
Bandage.	250 —
Moyeu.	90 —
Tôles	68 —
Boulons et écrous	25 —
Total.	515 kilogr.

Le personnel de l'usine comprend quatre-vingts ouvriers pour une production de vingt-cinq roues par poste de dix heures.

La roue Allen présente une grande force de résistance, eu égard au poids de métal qui entre dans sa composition. Elle pèse, suivant son diamètre, bandage en acier compris, une fois et demie le poids de la roue américaine en fonte trempée. Son prix, de cinq à six fois plus élevé, est largement compensé par l'accroissement de durée....

Les résultats énoncés ont été confirmés en Allemagne. Des expériences ont montré que les roues en papier ont pu rouler huit à neuf cent mille kilomètres, alors que le parcours total des roues en fonte dure est de quatre-vingt-cinq mille à cent vingt mille kilomètres.

Cette résistance extraordinaire ne doit pas être attribuée à la force du papier, dont la charge de rupture ne paraît pas dépasser cinq kilogrammes par millimètre carré, si l'on s'en rapporte à un essai fait sur du papier de dessin. Elle tient surtout à l'excellence de l'acier des bandages et à l'élasticité de la masse qui compose le disque et qui se prête admirablement aux dilatations et aux contractions du bandage, notamment à celles qu'il subit par suite des variations de température. Le disque en papier prévient non seulement la rupture des bandages, mais encore celle des essieux et de tous les autres organes du matériel roulant, en amortissant les chocs qui leur sont transmis. Des essieux ont effectué des parcours de plus de six cent cinquante mille kilomètres avec les roues en papier, tandis que le maximum est de cent soixante mille kilomètres avec les roues en fonte.

On peut encore citer, en faveur des roues en papier, leur faible sonorité et, en ce qui concerne les chemins de fer électriques, leur défaut de conductibilité, à condition, bien entendu, que les disques en tôle soient supprimés.

Elles sont adaptées aux *sleeping cars* dans tous les pays de l'Europe. Les chemins de fer allemands commencent à les employer sur une large échelle.

Les roues à disque en bois du système Mansell, qui leur ressemblent, ont un grand succès en Angleterre pour voitures à voyageurs. Elles se prêtent bien à l'attache du bandage, procurent un roulement doux très apprécié de tous ceux qui ont parcouru la Grande-Bretagne et offrent d'autres avantages analogues à ceux des roues à disque en papier. Leur coût élevé les bannit des pays qui appliquent dans toute sa rigueur le principe de l'adjudication publique.

X.

QUELQUES ESQUISSES DE PORTS DE MER.

Aigues-Mortes.

Aigues-Mortes, anciennement *Aquæ mortuæ*, c'est-à-dire *eaux mortes* ou *stagnantes*, chef-lieu de canton du département du Gard, dont la population dépasse à peine aujourd'hui trois mille âmes, est distante de Nîmes de 39 kilomètres et de 445 de Paris.

Située dans une contrée marécageuse, ce qui lui a valu son nom, à la jonction des canaux de Beaucaire, de la Radelle, du Bourgidou et de la Grande-Robine, par lequel elle communique à la Méditerranée, Aigues-Mortes fut autrefois une ville importante, qui avait justice royale, amirauté, et formait

un gouvernement particulier ; elle dépendait alors du parlement de Toulouse et de l'intendance de Montpellier.

L'existence de cette ville est fort ancienne. On a même été
jusqu'à lui attribuer Marius pour fondateur ; mais la science
moderne a fait rejeter cette hypothèse! On ignore à quelle
époque vinrent se fixer en ce lieu les premiers habitants,
attirés sans doute par les avantages qu'il offrait pour la pêche
et le trafic du sel. On sait seulement, dit un célèbre géographe,
que sur le sol actuel d'Aigues-Mortes, Charlemagne fit bâtir,
au VIIᵉ siècle, pour protéger la côte, une tour appelée *Matafère*.
On sait aussi qu'il céda cette tour à l'abbaye de *Psalmodi*. Cette
abbaye de bénédictins, située dans le voisinage, devait, dit-on,
son nom aux psalmodies que les moines, se succédant sans
interruption, faisaient entendre nuit et jour. Deux fois détruite
par les Sarrasins, elle se releva et s'enrichit considérablement,
grâce aux donations nombreuses des seigneurs et des évêques.
Sans doute, les religieux de Psalmodi ne négligèrent rien pour
favoriser l'accroissement d'Aigues-Mortes, et pour y attirer le
commerce maritime, qui pouvait devenir pour eux-mêmes une
nouvelle source de richesses. Ce ne fut toutefois qu'après
l'ensablement du port de Saint-Gilles que celui d'Aigues-
Mortes commença à être fréquenté. Au XIIᵉ siècle, il recevait
déjà des navires partis de Gênes, d'Alexandrie et de presque
tous les points de la Méditerranée.

Le véritable créateur d'Aigues-Mortes et de son port est
saint Louis. Lorsque ce dernier des croisés voulut partir pour
l'Egypte en 1248, il s'aperçut qu'aucun des ports de la Médi-

terranée ne lui appartenait directement. Saint-Gilles et Agde étaient à Raymond VII, Narbonne à son vicomte, Marseille à Charles d'Anjou ; Montpellier relevait du roi d'Aragon. Saint Louis voulut avoir un port dont il fût absolument maître et parfaitement sûr pour le départ et pour le retour. Il jeta les yeux sur Aigues-Mortes, et décida l'abbé de Psalmodi à lui céder cette ville et son territoire, lui donnant en échange une terre considérable près de Sommières. L'acte de cession est de 1248. Mais dès 1246, il accorda, par lettres-patentes, aux habitants d'Aigues-Mortes de nombreux privilèges, et fit commencer la construction de la tour de Constance et les travaux destinés à rendre le port plus vaste et plus commode.

Au milieu de l'année 1248, ce port fut en état de servir à l'embarquement de la croisade. Un millier de vaisseaux de toutes grandeurs, montés par trente-six mille combattants, le remplissaient, ainsi que la rade. Le 25 août, le roi, après s'être rendu solennellement dans l'humble église de la ville, Notre-Dame des Sablons, s'embarqua sur la nef marseillaise *la Monnaie*, au milieu des fanfares et des chants des prêtres. Ce n'est point à Aigues-Mortes qu'il aborda à son retour, malgré son vif désir. La tempête l'obligea de débarquer à Hyères. Mais c'est encore d'Aigues-Mortes qu'il partit, le 3 juillet 1270, pour sa dernière expédition.

On a longtemps cru, mais à tort, qu'à l'époque de l'embarquement de saint Louis pour l'Egypte, la mer baignait les murs d'Aigues-Mortes, et que, depuis ce temps, elle s'est retirée à plus d'une lieue. Buffon, Voltaire, Velly, Du Cange, l'abbé Vertot et quelques autres ont successivement contribué à accréditer cette erreur.

Sans doute, écrivait naguère un savant publiciste, il fut un temps où la mer roulait ses ondes sur cette plage déserte : les étangs et les marais qui la couvrent enl sont un témoignage irrécusable ; mais ce temps, que les Romains n'ont pas connu, est bien antérieur à l'existence d'Aigues-Mortes, et il paraît certain qu'au siècle de saint Louis, la mer était déjà resserrée dans ses limites actuelles, et que la ville se trouvait alors, comme aujourd'hui, à une lieue environ du rivage.

L'examen attentif des localités prouve cette assertion. Chaque pas que l'on fait sur cette plage révèle son antique existence. En se dirigeant vers la mer, on est déjà bien loin de la ville lorsqu'on rencontre (sur les bords de la *Grande-Roubine*, dont la construction, attribuée à Marius, remonte à l'an 650 de Rome) les restes d'un édifice dont l'origine est perdue, et qui date de si loin, que les habitants du pays, ayant oublié sa première destination, l'ont appelé *la Peyrade* (amas de pierres). Auprès de ces débris sont deux étangs qui existent depuis un temps immémorial, ainsi que le prouvent les archives de la ville. A partir du premier, règne un large canal, qui ne se rattache à aucun des travaux exécutés depuis saint Louis.

En suivant la trace de cet antique ouvrage, et près d'arriver à la mer, quelques fragments de murs ruinés frappent tout à coup les regards. Si l'on marche au milieu de ces ruines, on entend le sol retentir, et le voyageur n'est pas éloigné de penser que de vieux sépulcres sont creusés sous ses pieds. Ce lieu, connu dans le pays sous le nom de *Tombes*, paraît être l'emplacement de l'hôpital que saint Louis fit bâtir pour les pèlerins malades. Ainsi ces tombeaux, respectés par le temps, restent là pour nous désigner la place où deux fois (en 1248 et en 1270) le roi quitta le sol de la France.

En outre, non loin des Tombes, la direction du *canal vieli* et la tradition indiquent l'emplacement du *Grau-Louis* (1), dont le nom seul existe encore et que l'œil ne peut reconnaître parmi les sables au milieu desquels il était situé.

Voilà donc, à une lieue d'Aigues-Mortes, la grève où venaient et où viennent encore expirer les flots de la mer.

Mais ce n'était pas là ce qu'on appelait le port d'Aigues Mortes ; ce port existait sous les murs mêmes de la ville. Lorsque les navires voulaient y remonter, ils entraient par le *Grau-Louis* dans le canal vieil, suivaient ce canal jusqu'à sa jonction à la *Grande-Roubine*, et là, par une ouverture qui subsiste toujours, mais qui s'est beaucoup rétrécie, pénétraient dans l'étang qui baigne la partie méridionale d'Aigues-Mortes. Cet étang, appelé *étang de la ville*, et qui, depuis de longues années, se comble de jour en jour, était alors très large et très profond, et formait le véritable port. Quoiqu'il ne conserve aucune trace distincte des ouvrages que saint Louis y fit construire, on ne peut néanmoins douter que, même longtemps

---

(1) En Languedoc, on appelle *grau* un canal qui traverse un cordon littoral pour déboucher dans la mer. Le *grau de la Croisade* ou *de la Crousette* coupe le cordon littoral d'Aigues-Mortes.

après la mort de ce monarque, il ne donnât accès aux bâtiments de mer, puisqu'on voit attachés aux remparts de gros
anneaux de fer qui servaient à les amarrer.

La diminution sensible de cet étang, et par suite la destruction de l'ancien port d'Aigues-Mortes, doivent être attribuées
au changement de direction de la branche droite du Rhône,
qui venait autrefois se perdre dans les marais situés au sud de
la ville, et qui se jette actuellement, sous le nom de petit
Rhône, au *Grau d'Orgon*, où elle forme un côté du delta de la
Camargue.

Objet de la faveur toute spéciale de saint Louis et de ses
successeurs, Aigues-Mortes, dit Malte-Brun, « eut une période
de brillante prospérité. Les lettres-patentes de 1246, confir-
mées par la plupart des successeurs de saint Louis, déclaraient
les habitants francs de toutes tailles et impôts, de toutes
réquisitions et emprunts, de tous péages, tant par eau que
par terre, de tout droit de lods et mutations, de toute gabelle
sur les sels et autres marchandises, de toute dîme seigneuriale,
à l'exception des droits sur les moulins et les fours, sur les
boucheries et les poissonneries, sur le pesage et le mesurage,
que le roi se réserva. Il leur fut accordé une foire annuelle où
nul étranger ne pouvait être arrêté pour quelque crime ou délit
qu'il eût commis ailleurs. Ils ne furent astreints au service
militaire que pour quarante jours, et seulement dans les
diocèses de Maguelonne, de Nîmes et d'Uzès, et dans la partie
des diocèses d'Arles et d'Avignon située en deçà du Rhône.
Enfin, il leur fut permis d'élire parmi eux, tous les ans, quatre

consuls, qui eux-mêmes nommaient un *clavaire* ou trésorier, et désignaient les membres du conseil de ville, convoquaient le guet et la milice, présentaient à la nomination du roi des agents consulaires pour protéger les intérêts de la ville dans les ports étrangers, statuaient sur les contestations en matière civile qui leur étaient volontairement soumises, enfin imposaient les habitants pour les besoins de la communauté ; les consuls n'avaient de comptes à rendre qu'à leurs successeurs et ne pouvaient être réélus qu'après un intervalle de dix ans. D'ailleurs, le roi entretenait dans la ville un viguier, un bailli et un juge.

« Philippe le Bel, Jean et Charles V ordonnèrent que le port d'Aigues-Mortes serait le seul du Languedoc où les navires pourraient commercer. Ce monopole fit bientôt affluer les vaisseaux de Venise, Gênes, Constantinople, Alexandrie, au grand profit de la ville et du trésor royal, qui prélevait d'abord un denier et plus tard deux deniers pour livre. La jalousie des autres villes maritimes du Languedoc, Narbonne, Béziers, Leucate, Marseillan, Agde surtout, était excitée au dernier point ; à force de contraventions, d'efforts, d'instances auprès du gouvernement, elles réussirent enfin à faire brèche au monopole d'Aigues-Mortes, qui, malgré les arrêts de parlement et les ordonnances royales rendues en sa faveur jusqu'au xviie siècle, tomba en décadence. Dès le temps de François Ier, d'ailleurs (1530), des commissaires royaux déclaraient que le port et le canal qui y conduisait étaient presque entièrement comblés par le sable et le limon des débordements du Rhône, que les navires étaient obligés de s'arrêter à une lieue de distance, sur la plage, exposés aux tempêtes et aux pirates; que les eaux du Rhône, se mêlant avec celles des étangs, les adoucissaient tellement, qu'elles les rendaient impropres à la fabrication du sel. Des travaux considérables eurent pour résultat de faire dévier le *petit Rhône* et de lui donner une embouchure nouvelle au *Grau neuf*. Le lit qu'on lui fit quitter est le *Rhône mort*. Malgré tous ces efforts, malgré la magnifique entrevue de François Ier et de Charles-Quint, qui réunit un moment, dans Aigues-Mortes (1538), la pompe des deux plus grandes cours de l'Europe, cette ville ne put être arrêtée sur la pente qu'elle descendait. »

Durant les guerres de religion, Aigues-Mortes fut pendant un temps la seule place catholique réellement forte du Languedoc. Les huguenots s'en emparèrent cependant vers 1575 par surprise, et la conservèrent jusqu'à la fin des guerres.

C'est surtout à la *Tour de Constance*, bâtie par saint Louis, que, sous Louis XIV, et après la révocation de l'édit de Nantes, furent enfermées les femmes et les jeunes filles protestantes qui refusaient d'abjurer leurs croyances et leur religion.

Des travaux destinés à réparer et à assainir le port furent exécutés à Aigues-Mortes en 1725. Le port, tout à fait inabordable, était devenu un marécage pestilentiel. A cette époque fut commencé le canal actuel de la *G. ande-Roubine*, qui a rendu à cette petite ville son activité et sa salubrité.

Aigues-Mortes a élevé à son bienfaiteur saint Louis une statue, due au ciseau de Pradier. Mais ce qui, mieux encore que l'image de bronze, reporte notre pensée au fondateur d'Aigues-Mortes, ce sont ses remparts.

En effet, « les remparts d'Aigues-Mortes, dit M. di Pietro, qui, suivant la tradition, auraient été construits sur le dessin de ceux de Damiette, subsistent encore aujourd'hui dans toute leur intégrité. Non seulement ils présentent l'image de l'ancienne ville égyptienne, et donnent en même temps une idée des vieux murs de Jérusalem, mais ils sont en France le modèle le plus intact qui nous soit resté des fortifications du moyen âge.... Ces remparts ont la forme d'un parallélogramme à peu près rectangle, dont l'un des angles est émoussé, et qui, présentant sur sa face une étendue de cinq cent quarante-six mètres, a trois cent vingt-deux mètres de largeur. Bâtis sur un plan vertical, en pierres carrées taillées en bossage, ils ont deux mètres et demi d'épaisseur à leur base et un peu plus de onze mètres d'élévation. De larges escaliers, construits à découvert, de distance en distance, dans l'intérieur de l'enceinte, conduisent sur le sommet des remparts, que couronne sur toute leur étendue une ligne dentelée de créneaux percés d'étroites meurtrières.... Sur divers points, et vers la base des créneaux, saillissent à l'extérieur des *échauguettes* ou guérites de pierre, propres à l'observation, et des *mâchicoulis*, récente importation de l'art oriental à cette époque, destinés à défendre le pied des remparts. Quinze tours, s'élevant, soit aux angles de l'enceinte, soit à des distances inégales le long des courtines, protègent l'ensemble des fortifications. »

XI.

VARIÉTÉS.

Les avalanches.

« Une avalanche, dit M. Bouillet, est une masse de neige qui roule du sommet des hautes montagnes, grossit dans sa course et renverse tout ce qu'elle rencontre. La fonte des neiges, au printemps, est la principale cause de la formation des avalanches : la terre s'échauffe aux rayons du soleil, et, communiquant sa chaleur à la base de la neige qui repose sur elle, en détermine la fusion, de manière que les couches supérieures s'en détachent et viennent ainsi rouler avec fracas sur le flanc des montagnes. La moindre agitation de l'air peut produire la chute d'une avalanche; c'est pour cela qu'on recommande le silence dans le voisinage des masses de neige où elles ont coutume de se former. C'est surtout en Suisse, en Suède et en Norvège que les avalanches sont communes et terribles. »

« On sait, écrivait, il y a quelque temps, de son côté, un de nos publicistes les plus distingués, qu'une avalanche est une pelote de neige qui, venant à se détacher des hauteurs, se grossit des neiges sur lesquelles elle roule, devient en peu d'instants une masse formidable, et, dans sa chute précipitée, brise, renverse, écrase tout sur son passage. »

Quant à la tourmente, c'est un vent qui, s'engouffrant dans les anfractuosités des gorges étroites, y tourbillonne avec violence en déplaçant d'énormes masses de neige, sous lesquelles demeurent ensevelis tous les objets exposés à sa fureur.

Dans ces couloirs de la montagne, la trombe se brise avec un fracas épouvantable. D'immenses traînées de neige, frappant sur les rocs, rejaillissent par les airs, et le vent, ressaisissant ces gerbes égarées, les heurte les unes contre les autres, en sorte qu'on voit comme une vaste nuée déchirée par le déchaînement de la tempête.

Malheur à l'infortuné surpris de la sorte ! A moins qu'il ne découvre une grotte, un enfoncement pour s'abriter, il est perdu.

Chaque année, il se passe, dans les montagnes, des drames produits par la neige. Les avalanches engloutissent des victimes et les tourmentes renversent d'imprudents voyageurs, qu'un linceul neigeux ne tarde pas à recouvrir.

Les avalanches, avons-nous vu tout à l'heure, se forment

surtout au printemps, sous l'action de la chaleur dégagée par les premiers rayons du soleil. Alors le sol s'échauffe et les blocs de neige « se décollent pour ainsi dire du flanc de la

Une avalanche.

montagne. » Toutefois, ces terribles catastrophes se produisent également parfois dans bien d'autres saisons de l'année, déterminées par toutes sortes de circonstances accidentelles qui demeurent souvent inconnues. Telles furent, à la fin de janvier 1885, les épouvantables avalanches qui détruisirent successivement plusieurs villages de l'Italie et firent de nombreuses victimes humaines.

Ce fut le 18 janvier, à neuf heures du soir, qu'une première avalanche se produisit au-dessus du hameau de la Monta, dans la vallée de Queyras. Quatre maisons, dont deux étaient habitées, furent ensevelies sous une masse considérable de neige. L'une était habitée par la famille Gérard, composée de six personnes. Le père et la mère, ainsi que deux filles, ont été écrasés. Deux autres enfants ont seuls été retirés des décombres; ils avaient leur chemise gelée sur eux.

La seconde maison était habitée par la famille de la veuve Buès : trois personnes ont été écrasées; seul un petit garçon a été trouvé vivant.

Jusqu'au 16 janvier, écrivait à cette occasion un habitant de ce malheureux pays, « nous avions une couche régulière d'environ vingt-cinq centimètres de neige, tombée très tard et à plusieurs reprises.

« On disait communément : *Les saisons sont changées ; nous n'aurons plus les neiges d'antan.*

« On se trompait; car la neige commençait à tomber dans la nuit du 16 au 17, à minuit, et continua sans interruption jusqu'au 18, à onze heures trente du soir, soit quarante-huit heures. Cette énorme quantité de neige, fouettée, pourchassée violemment par une tourmente terrible, pénétra en partie dans les habitations les mieux fermées, à la grande désolation des ménagères.

« Pendant que sur quelques points il y en avait bien peu ou pas du tout, en d'autres elle était accumulée et mesurait jusqu'à trois mètres et plus. En somme, la moyenne varie de un mètre vingt centimètres à deux mètres dans la vallée, quantité effroyable, que depuis longtemps on n'avait vue.

« Pendant deux jours elle est tombée avec une violence telle, qu'à deux cents mètres on ne distinguait pas une maison. Pendant ce temps, les villages semblaient déserts, et finalement, le 18 au matin, l'obstruction des portes et des fenêtres du rez-de-chaussée était complète. Immédiatement on se mit à l'œuvre; on pratiqua des issues, des tranchées dans les rues, on envoya des messagers à la rencontre de ceux des communes voisines, et le 20 seulement on eut les nouvelles suivantes, qui ne sont rien moins que navrantes.

« Le 18, à neuf heures du soir, quelques habitants du hameau de la Monta, commune de Ristolas, sortis sur le seuil de leur porte, entendirent un bruit sourd lointain mugir dans la montagne. Pressentant une immense catastrophe, terrifiés par la pensée que peut-être bientôt ce bruit insolite serait suivi du silence de la mort pour quelques-uns d'entre eux, ils demeurèrent interdits; soudain, un vent impétueux, chargé de poussière de neige, les renversa, força les portes, fit craquer les charpentes, et finalement quatre maisons voisines disparurent sous une énorme avalanche, ensevelissant deux familles, soit neuf personnes.

« Le même jour, à neuf heures du matin, le hameau de l'Echalp, même commune, composé d'environ vingt-cinq foyers, a également vu disparaître sous une énorme coulée de neige quatorze de ses habitations, ensevelissant nombre de familles, ainsi que tout le bétail.

« Ce vaste et lourd manteau, ne provenant que de quelques centaines de mètres, avait écrasé les toitures sous son poids. Des secours, aussi prompts que bien dirigés, permirent d'extraire sans accident et sains et saufs tous les malheureux des décombres.... »

Le froid était alors très vif. Le thermomètre, qui marquait de 18° à 22° au-dessous de zéro avant la chute de la neige, était remonté aussitôt après de trois ou quatre degrés.

Malheureusement, les avalanches n'avaient pas dit leur dernier mot. En effet, peu de jours après, la bourgade de Balme, dans la vallée de Lonzo, fut entièrement couverte par la neige. Une énorme avalanche s'était précipitée sur la bourgade et l'aurait écrasée tout entière, si un grand rocher qui la domine n'avait divisé la masse de neige en deux portions : une seule est tombée sur les habitations, et l'autre s'est précipitée dans la Stura.

A la suite de cette catastrophe, Balme présentait un aspect fantastique difficile à imaginer. Pour pouvoir circuler dans la bourgade, on dut percer des galeries dans les rues complètement remplies de neige. De plus, l'avalanche avait pénétré dans toutes les maisons dont les portes ou les fenêtres étaient tournées vers la montagne d'où elle était descendue. Aucune porte n'avait pu soutenir le choc : toutes avaient été enfoncées, et la neige avait rempli les habitations. Le pont du Club alpin, sur la cascade de Balme, avait été brisé; une maison en construction avait même été entraînée par la masse de neige.

D'autre part, à la même époque, de semblables avalanches ensevelirent douze maisons de la commune de Noasca, causèrent la mort de sept personnes et détruisirent tout le bétail.

Toutefois, la plus épouvantable de ces catastrophes fut sans contredit celle qui détruisit entièrement le village de Deveys. Mais laissons la parole à un écrivain qui visita ces lamentables ruines aussitôt après la chute de l'avalanche.

« Deveys, écrivait ce témoin oculaire, encore sous le coup de la première impression, Deveys est situé sur le versant du mont Ambin; les maisons se pressent les unes contre les autres, comme si elles craignaient de glisser dans l'abîme. Au centre du village il y a une petite église avec son clocher jaune. Sur les toits, on voit six pieds de neige; ici et là les *poutraisons* vont se rompre.

« Le froid était vif dans le pays le jour de la catastrophe; c'était un dimanche, après le prêche; les montagnards s'étaient enfermés chez eux, ne pouvant, du reste, vu la masse de neige, aller d'une maison à l'autre. A onze heures et demie les cheminées fumaient partout, les ménagères préparaient le mets favori du dimanche, un plat de la contrée, une *castaniacce*.

« Soudain un craquement épouvantable se produisit. C'est un montagnard dont la maison a été épargnée qui me raconte cela; le brave homme est seul de toute sa famille; ses fils et filles mariés ont péri. Les bouquets de châtaigniers qui sont espacés le long de la montagne étaient emportés; l'avalanche roulait avec la vitesse d'un projectile de canon elle passa sur l'aile nord du village et balaya le sol. Quand ıa masse eut passé, la pression de l'air avait soulevé les toits voisins; une masse énorme de neige, débris de toute espèce, châtaigniers et blocs de neige couvraient le sol là où naguère vingt maisons serrées les unes contre les autres se dressaient.

« Pendant plusieurs heures, les gens épouvantés ne savaient qu'entreprendre; impossible d'aller quérir du secours; le pays était couvert de dix à quinze pieds de neige, de vingt à vingt-cinq en certains endroits. On sonna le tocsin; vers le soir, la petite ville d'Exilles envoyait des hommes pour s'informer de ce qui s'était passé; dans la nuit, les brigades de carabiniers et une compagnie alpine arrivaient, et l'œuvre de sauvetage commençait. Il fallut, travail d'Hercule, débarrasser le sol du versant de tous les débris; on alluma des feux. On entendait distinctement les appels désespérés des ensevelis, les beuglements du bétail et les hurlements des chiens. Les survivants du village comptaient les maisons disparues et annonçaient que cent personnes au moins se trouvaient ensevelies.

« Après trente heures de travail, on sortit des décombres un petit bonhomme qui se mit à rire. Le pauvre gamin était devenu fou de peur. Au bout de quarante-huit heures, les cris des malheureux devinrent de plus en plus faibles; on en sortit encore quelques-uns vivants, les autres avaient peu à peu succombé. Seize personnes furent sauvées, quarante ont péri. »

Une catastrophe qui est demeurée célèbre dans l'histoire des Alpes est celle qui eut lieu au siècle dernier, le 19 mars 1755, à Bergamoletto, village situé dans la vallée de Stura, non loin de la bourgade de Balme dont nous parlions tout à l'heure. Nous en empruntons le récit au publiciste que nous avons déjà cité plus haut.

« Au milieu de la nuit, dit-il, des blocs immenses de neige se détachèrent d'une cime voisine et vinrent s'abattre avec un fracas terrible sur les maisons. Tout fut englouti sous vingt mètres de neige. L'œil cherchait en vain la trace de ce qui était, la veille encore, un hameau assez considérable.

« Les montagnards des environs accoururent pour tâcher de porter secours aux malheureux ensevelis ainsi vivants. Mais les moyens manquaient. Ce n'était pas avec quelques pioches et quelques pelles que l'on pouvait songer à déblayer. Le sauvetage fut déclaré inutile à tenter, et on y renonça.

« Deux seuls habitants de Bergamoletto avaient survécu : un nommé Robia et son frère, qui, par hasard, se trouvaient absents de chez eux au moment du sinistre.

« A leur retour de voyage, ils se mirent courageusement à la besogne, sans aucun espoir de sauver quelqu'un, mais afin de reconquérir quelques épaves de leurs affaires.

« Le 24 avril, plus d'un mois après le désastre, les frères Robia parvinrent à dégager le haut d'une cheminée. La neige commençait à fondre sous l'influence d'une température adoucie. Encouragés par cette lueur de succès, ils travaillèrent avec une nouvelle ardeur et eurent la joie de sentir des toits de maisons.

« Tout à coup, de faibles plaintes, qui sortaient de la neige, se firent entendre. Encore un effort, et ils touchaient du fer de leurs pics une étable, voisine de leur ancienne demeure.

« Dans cette étable se trouvaient la femme, la sœur et la fille de Robia. Cette dernière était âgée de treize ans. Une circonstance inouïe avait permis à ces trois malheureuses enterrées vives de ne pas mourir de faim. L'étable contenait, en effet, des herbes en grande quantité et une chèvre qui venait de mettre bas. Pendant plus de trente jours, le lait de cette bête avait servi à nourrir la jeune fille et les deux femmes, qui avaient eu l'énergie de ne jamais désespérer de leur salut et de conserver courage au milieu de l'obscurité qui les enveloppait. »

XII.

LES DÉVOUEMENTS.

Quatre victimes du dévouement.

Si nos jeunes lecteurs ignorent encore que le gaz qui se forme dans les fosses d'aisances est des plus dangereux, le terrible accident que nous allons raconter et qui a causé la mort de plusieurs personnes, victimes, la première de son imprudence et les autres de leur dévouement, leur fera connaître les dangers qu'offrent les émanations des fosses mal construites ou mal entretenues. Nul doute qu'après cette lecture ils ne s'abstiennent avec soin de bien des imprudences que commettent parfois les écoliers ignorants, comme, par exemple, de jeter une allumette enflammée dans les latrines.

Dans celles-ci, en effet, il y a toujours du gaz *hydrogène sulfuré* en plus ou moins grande quantité, et ce gaz, qui suffoque ou asphyxie ceux qui le respirent, a en outre la propriété, en se combinant avec l'air, de former un mélange détonant et explosif d'une grande puissance. S'il se trouve en assez grande quantité dans une fosse d'aisances, la flamme d'une allumette ou même un charbon ardent suffit à l'enflammer, et par suite à occasionner une explosion susceptible de démolir et ruiner toute une maison.

Que de catastrophes causent l'imprudence et l'ignorance! Chaque jour elles font de nouvelles victimes, toujours trop nombreuses et navrantes. En s'exposant sans réflexion et sans utilité à un danger réel, les imprudents n'ont même pas l'excuse d'alléguer qu'ils ne risquent que leur vie, car ils doivent bien penser que, dès qu'ils se trouveront en péril, des personnes dévouées se précipiteront à leur secours et risqueront courageusement leur vie pour tenter de les arracher à la mort.

C'est toute une série de dévouements de ce genre qui, le 11 mars 1888, a fait de nouvelles victimes rue des Deux-Ponts, à Paris. Voici le récit de cette navrante catastrophe tel qu'il a été publié le lendemain de la mort de MM. Pauffique, Sixdeniers, Cotard, et du caporal Toulon, admirables victimes de leur dévouement humanitaire :

M. Jeaud, ex-conseiller municipal du quartier Notre-Dame, serrurier rue Saint-Louis, voyait arriver chez lui, le dimanche 11 mars 1888, un de ses voisins, M. Busson, marchand de vins, principal locataire de la maison portant le n° 22 de la rue des Deux-Ponts.

— Le tuyau de mes latrines est obstrué, lui dit M. Busson, prêtez-moi donc quelque chose pour le dégorger.

M. Jeaud lui donna une longue tringle de fer.

Aussitôt rentré chez lui, M. Busson se mit à la besogne; mais comme il ne réussissait pas, en enfonçant sa tige par en haut, à déboucher le conduit, il s'avisa de descendre dans la cave où s'ouvre la fosse.

A peine M. Busson eut-il sorti la pierre qui bouchait l'orifice de la fosse d'aisances, qu'il tomba dedans, la tête la première, asphyxié presque instantanément. Attiré par le cri qu'il avait poussé, un locataire de la maison, M. Pauffique, descendit l'escalier quatre à quatre; il se pencha sur le trou béant, et, comme M. Busson, il tomba à son tour par l'ouverture.

Tel fut également le sort de deux autres personnes, MM. Sixdeniers et Cotard, qui, de la boutique où ils se trouvaient, avaient entendu les cris des deux malheureux et s'étaient précipités à leur secours.

Tout cela s'était passé en quelques minutes. Il était onze heures et demie. Des voisins coururent avertir le poste de pompiers de la rue de Poissy. Peu d'instants après accoururent deux caporaux, conduisant quelques hommes.

Le temps pressait. L'un d'eux, le caporal Toulon, sans prendre la précaution de revêtir son scaphandre, se fit apporter une échelle pour descendre; mais, en mettant le pied sur le premier échelon, saisi par les émanations délétères, il tomba dans la fosse et mourut aussitôt.

C'était assez de victimes. Un officier de la caserne étant

survenu, fit exécuter la seule manœuvre possible : vider la fosse avec des pompes, puis y insuffler de l'air à l'aide du ventilateur usité dans les feux de cave.

Vers une heure et demie, on parvenait enfin à retirer les corps des cinq victimes. Comme la cour de la maison était trop exiguë, il fallut porter les corps dans une cour située en face. On les mit sous un jet de pompe pour les nettoyer. Une foule considérable assistait à cette lugubre opération.

M. Sixdeniers, l'une des cinq victimes, qui demeurait rue de l'Hôtel-de-Ville, 84, était un ancien sous-officier de pompiers libéré depuis quelques mois et laissait une veuve et deux enfants.

Outre Busson et les quatre malheureux qui sont morts en voulant le sauver, trois autres personnes avaient subi un commencement d'asphyxie en manœuvrant les appareils de sauvetage : c'étaient le sergent des pompiers Bousquet, le caporal Lasnier et M. Vanestro, qui habite rue Royer-Collard. Après quelques soins reçus à la pharmacie Malavant, ils ont pu être ranimés.

Le lendemain de la catastrophe, l'ordre du jour suivant du colonel des sapeurs-pompiers de Paris a été lu le matin, au rapport, dans toutes les casernes de pompiers de la capitale :

« Le colonel a la peine profonde d'informer le régiment que le caporal Toulon, de la 3ᵉ compagnie du 2ᵉ bataillon, et l'ancien sergent Sixdeniers, de la 3ᵉ compagnie du 1ᵉʳ bataillon, ont succombé hier, à midi, victimes de leur dévouement en voulant sauver un imprudent descendu, sans précautions, dans une fosse de la rue des Deux-Ponts, qu'il tentait de dégorger.

« Trois courageux voisins, accourus successivement au secours des premières victimes, venaient de tomber asphyxiés.

« L'un d'eux élevait la main, l'agitant encore. Toulon a voulu la saisir sans prendre le temps d'endosser l'appareil et le cordage; une minute perdue était la mort assurée à son prochain.

« Retenu au bord de la fosse par le poids du secouru, il a été subitement asphyxié à son tour.

« Pendant ce drame, l'officier commandant le détachement, qui n'a cessé de prendre des dispositions irréprochables, avait fait, sans perdre une minute, endosser les scaphandres.

« Toulon était retiré vivant, mais expirait quelques minutes après.

« Les quatre premières victimes, dont le corps occupait le fond de la fosse, n'ont pu être rappelées à la vie.

« Malgré la promptitude des secours et le dévouement des sauveteurs, cinq personnes ont donc succombé.

« Le caporal Toulon, le sergent Sixdeniers et les citoyens Cotard et Pauffique, morts victimes de leur courage, ont droit à l'admiration de leurs concitoyens.

« Le généreux Cotard avait donné, naguère, au régiment une preuve de sa sympathie en y faisant engager son neveu.

« La ville de Paris voudra faire à ces braves des funérailles dignes d'une fin si honorable.

« Se sont particulièrement signalés : le sergent Bousquet;

les caporaux Lasnier, Pirouelle, Desmoulins, Chapelle ; les sapeurs Poulat, Morère, Bouget et Sauthier.

« La mort de Sixdeniers et de Toulon sera pour tous un nouvel et grand exemple à ajouter à l'historique du régiment

« Elles nous seront un légitime sujet d'orgueil.

« Leurs noms seront gravés sur le marbre d'honneur, au tableau des morts au champ du devoir.

« Paris, le 22 mars 1888.

« Le colonel,

« Signé: COUSTON. »

Des funérailles ont été faites en effet aux quatre vaillants et modestes héros, auxquels des milliers de personnes, par leur présence à cette touchante cérémonie, ont rendu un éclatant hommage.

La municipalité parisienne avait tenu à honneur de se charger, en signe d'admiration et de gratitude, de l'organisation et des frais de cette solennité funèbre. Le sergent Sixdeniers, le caporal Toulon, MM. Cotard et Pauffique, ont été enterrés dans le cimetière Montparnasse, les deux premiers dans le monument réservé aux pompiers morts victimes de leur dévouement professionnel. L'inhumation de M. Busson, l'auteur involontaire de la catastrophe, avait eu lieu la veille au cimetière d'Ivry.

« En rendant hommage, disait, le jour des obsèques, M. le préfet de police Lozé, à la mémoire de ces victimes, nous nous efforçons de payer ainsi une part bien faible de la dette que nous avons contractée vis-à-vis d'elles, en entourant leurs noms de ce respect et de cette vénération qu'on réserve à ceux qui, dans les calamités publiques, savent sacrifier leur existence pour le salut de leurs concitoyens. »

Monument des pompiers au cimetière Montparnasse.

En lisant le récit de cet épouvantable accident, dû au mauvais état d'une fosse d'aisances, bien des personnes s'étonneront sans doute qu'à Paris de tels faits puissent se produire. Les règlements administratifs ordonnent bien, il est vrai, que chaque fosse d'aisances soit munie d'un évent ou ventilateur, c'est-à-dire d'une sorte de cheminée s'ouvrant sur le toit pour permettre le dégagement des gaz méphitiques engendrés par la fermentation des matières fécales. Mais malheureusement, dans les trois quarts des immeubles parisiens, cette précaution élémentaire est négligée.

Il est inutile de faire ressortir les dangers nombreux qui résultent d'un tel vice de construction. Pour les vieilles maisons comme celle de la rue des Deux-Ponts, ces dangers s'augmentent dans des proportions colossales; car dans des fosses dont l'entretien est négligé, dont les parois, dégradées depuis longues années de leur couche de ciment, sont imbibées à une grande profondeur, la production de l'hydrogène sulfuré est des plus intenses.

En pareil cas, les vidangeurs eux-mêmes, pour y pénétrer, sont tenus aux plus grandes précautions; car l'hydrogène sulfuré, comme le gaz d'éclairage, produit, en se combinant avec l'air, un mélange détonant. L'infortuné M. Busson, mort victime de son imprudence, courait, en outre, le risque de faire sauter toute la maison.

XIII,

NOS STATUES,

Villaret-Joyeuse.

Villaret de Joyeuse, disait excellemment M. le député
David le jour de l'inauguration de la statue de cet illustre
marin, « Villaret de Joyeuse — et vous tous qui m'entendez,
vous feriez au besoin comme lui — combattit pour la France
au nom de la République.... La Convention s'honora en l'appelant à la tête de ses escadres, et Villaret ne s'honora pas
moins en défendant le drapeau de la République, Quel exemple
de sublime patriotisme! et combien l'épopée révolutionnaire
nous apparaît grande par cet amour sacré de la patrie qu'elle
sut inspirer à ses enfants! C'est encore aux hommes de la
Révolution qu'il faut remonter pour trouver les chefs d'école
du patriotisme. Villaret fut un de ces vaillants, et la statue

qui se dresse aujourd'hui devant vous est la digne récompense de sa carrière maritime. »

C'était le dimanche 21 juin 1885 que la ville d'Auch fêtait dignement, en lui élevant une statue, son glorieux enfant, l'amiral Villaret de Joyeuse — ou *Villaret-Joyeuse*, ainsi qu'on prit l'habitude de le nommer après la Révolution. — Toutes les rues, toutes les maisons étaient pavoisées de faisceaux de drapeaux et d'oriflammes. Un piquet d'infanterie et le bataillon des pupilles auscitains (bataillons scolaires) formaient la haie d'honneur autour de la statue et de l'estrade officielle, contenant avec peine la patriotique curiosité d'une foule énorme où toutes les classes de la société étaient représentées.

A dix heures, lorsque apparut le cortège officiel, un grand silence se fit instantanément. Un commandement retentit :

« Portez armes! Présentez armes! »

Et le voile qui recouvrait la statue de ses larges plis flottants tomba aussitôt.

Un frisson, lisons-nous dans le compte rendu de cette imposante cérémonie, un frisson parcourt la foule; les clairons sonnent, les tambours battent aux champs, tous les cuivres attaquent la *Marseillaise*. Immédiatement après, l'Orphéon, accompagné par la musique municipale, chante un hymne à Villaret-Joyeuse composé par M. Bonbée, un poète auscitain.

L'amiral est de haute stature, sa main gauche s'appuie sur le pommeau d'un sabre et sa droite tient une hache d'abordage. Il regarde la maison où il est né, cette maison qui entendit les premiers vagissements de l'enfant dont la voix devait plus tard dominer les tonnantes volées des canons, le mugissement sourd des vagues et le sifflement des tempêtes dans les cordages.

Né à Auch en 1750, d'une ancienne famille de Gascogne, le comte Louis-Thomas Villaret de Joyeuse fut d'abord, en sa qualité de cadet de famille, destiné à entrer dans les ordres, suivant l'usage qui existait alors. Mais l'état ecclésiastique ne convenait guère aux goûts de ce jeune homme ardent et aventureux, qui y renonça vite et prit du service dans les gendarmes de la maison du roi. Un duel, dans lequel il tua son adversaire, l'obligea bientôt à quitter ce corps. Il entra alors dans la marine; il avait seize ans.

Le jeune Villaret, lisons-nous dans la *France maritime*, à qui nous empruntons la plupart des détails qui suivent, se rendit à l'île de France, dont M. de Ternay, son parent, était gouverneur, et se fit bientôt tellement remarquer, qu'il obtint un commandement, et fut chargé de missions très importantes pour Haïder-Ali et divers autres chefs indiens. Il s'en acquitta avec un très grand succès et y déploya tant de talents, que le bailli de Suffren lui confia divers commandements. Il fut fait prisonnier par les Anglais au cours d'une mission que lui avait confiée le gouverneur de l'Inde, mission dont il s'acquitta d'ailleurs d'une façon remarquable.

— Je vous donne carte blanche, lui avait dit le bailli de Suffren; vous serez chassé par les Anglais en allant ou en revenant; sans doute vous serez pris, mais vous vous battrez bien : c'est ce que je veux.

Et Villaret était parti sur la corvette *la Naïade*, de dix-huit canons.

Chassé par le *Spectre*, vaisseau anglais de soixante-quatre canons, et bientôt attaqué par ce redoutable adversaire, Villaret ne se rendit qu'avec huit pieds d'eau dans la cale et coulant bas.

— Monsieur, vous nous donnez une belle corvette, mais vous nous l'avez vendue bien cher, lui dit le capitaine du vaisseau anglais en lui rendant son épée.

Cette affaire compléta la réputation de Villaret-Joyeuse, que l'on regarda dès lors comme l'un des meilleurs officiers de la marine royale. Le bailli de Suffren demanda pour lui la croix de Saint-Louis, le grade de lieutenant de vaisseau, et lui donna le commandement de la frégate *le Coventry*, avec laquelle il termina la campagne. Il ne revint en France qu'en janvier 1785.

Lorsque éclata la Révolution française, le comte Villaret de Joyeuse n'émigra point. Il partit de Lorient, en 1791, sur la frégate *la Prudente*, dont il avait le commandement, en destination de Saint-Domingue. Il ne rentra en France qu'après le changement de pavillon, lorsque les trois couleurs eurent remplacé le drapeau blanc.

Malgré ses opinions politiques bien connues (plutôt contraires que favorables à la Révolution), Villaret-Joyeuse fut, presque aussitôt après son retour en France, nommé contre-amiral et investi, en outre, du commandement en chef des armées navales de l'Océan. Le gouvernement n'eut point lieu

Le bailli DE SUFFREN.

de se repentir d'avoir eu confiance dans la loyauté et le patriotisme du soldat.

— Je sais que Villaret est un aristocrate; mais c'est un
brave qui servira bien, disait de lui le conventionnel Jean-
Bon-Saint-André.

Villaret-Joyeuse eut plusieurs fois l'occasion de justifier
cette opinion, notamment le 13 prairial an II (1er juin 1794).
Cette journée, très glorieuse, malgré notre défaite, aurait été
l'une des plus brillantes de notre marine, sans la faute de
quelques capitaines inexpérimentés qui laissèrent couper notre
ligne de combat. Elle eut du moins pour résultat de sauver la
France de la famine. Voici le récit que Henri Martin fait de
cette bataille navale :

« Nos corsaires, dit-il, avaient fait beaucoup de mal au
commerce anglais par des prises nombreuses. Pitt espérait
nous le rendre, et bien au delà, d'un seul coup, par une immense capture. La France, tourmentée de la disette, attendait avec anxiété des Etats-Unis d'Amérique un convoi de
deux cents navires chargés de blé et de denrées coloniales.
Cela valait plus pour nous que le secours d'une armée.

« Une flotte anglaise de trente vaisseaux de ligne, commandée par l'amiral Howe, appareilla pour intercepter le
convoi. Le Comité de salut public enjoignit à l'amiral commandant notre flotte de Brest, Villaret-Joyeuse, de sauver le
convoi à tout prix. Villaret mit à la voile avec vingt-quatre
vaisseaux de ligne.

« Il nous restait peu d'officiers expérimentés, et il avait

fallu compléter nos équipages par des novices qui allaient à la mer pour la première fois; mais le représentant Jean-Bon-Saint-André, embarqué avec l'amiral, leur avait inspiré une telle ardeur, qu'ils saluèrent par des acclamations enthousiastes l'apparition de la flotte ennemie et demandèrent à grands cris la bataille.

« L'enthousiasme, malheureusement, dans la guerre maritime encore moins que dans la guerre sur terre, ne peut suppléer à la science. Grâce à la vigueur et à l'intelligence de nos marins, la flotte française, cependant, durant toute la journée du 10 prairial (29 mai), soutint sans désavantage l'effort des Anglais.

« Après ce premier engagement, Villaret et Jean-Bon-Saint-André jugèrent qu'il fallait manœuvrer de manière à attirer l'ennemi le plus loin possible de la route que devait suivre le convoi d'Amérique. Ils s'écartèrent au large. L'amiral Howe les suivit. La lutte recommença le 13 prairial (1er juin). On avait des deux côtés reçu des renforts, qui avaient plus que remplacé les bâtiments déjà mis hors de combat. Les Français avaient vingt-six vaisseaux de ligne; les Anglais en comptaient jusqu'à trente-quatre.

« Une fausse manœuvre d'un de nos bâtiments permit à l'amiral Howe de couper notre ligne et d'envelopper notre vaisseau-amiral *la Montagne*, magnifique navire de cent trente canons, à bord duquel étaient Villaret et Jean-Bon-Saint-André. La *Montagne* se dégagea par des efforts héroïques. Deux heures d'un feu épouvantable avaient démâté ou désemparé une grande partie des vaisseaux français et anglais. La victoire devait demeurer à celui des deux amiraux qui resterait maître de ces navires hors d'état de manœuvrer.

« L'avant-garde française ayant plié, Villaret ne put capturer les vaisseaux ennemis; il sauva quatre des nôtres en les faisant remorquer par des frégates et des corvettes; mais six autres de nos vaisseaux, qui n'étaient plus, suivant le mot de Jean-Bon-Saint-André, que des *carcasses abîmées*, restèrent au pouvoir de l'ennemi.

« Un septième vaisseau, *le Vengeur*, coula et s'enfonça dans la mer. Les restes de son équipage, réunis autour du tronçon du grand mât, y clouèrent le pavillon tricolore, pour qu'il ne tombât point au pouvoir des Anglais, et s'engloutirent dans l'abîme, en criant : *Vive la République !*

« La flotte anglaise avait trop souffert pour renouveler l'attaque. C'était la plus furieuse bataille navale que l'on eût vue depuis celle de la Hogue, sous Louis XIV.

« Pendant cette grande lutte, le convoi avait passé, et il entra sain et sauf dans nos ports de Bretagne. Notre flotte mutilée, que la flotte anglaise n'avait pas suivie, eut encore la vigueur, quelques jours après la bataille, de donner la chasse à une escadre toute fraîche de neuf vaisseaux anglais qui menaçait nos côtes bretonnes. »

En l'an II et en l'an IV, Villaret eut encore par deux fois l'occasion de se mesurer avec les Anglais. Pendant cette dernière année, dans un combat sous l'île de Groix livré contre des forces bien supérieures à celles qu'il commandait, le vais-

seau qui portait son pavillon fut entouré par l'ennemi et sur le
point d'être pris.

Un peu plus tard, Villaret se prononça fortement contre
l'expédition d'Irlande que Hoche devait diriger contre l'Angleterre, et, pour ne pas être témoin des malheurs qu'il pensait devoir en résulter, il donna sa démission, qui fut acceptée
par le Directoire.

Nommé en 1797 membre du Conseil des Cinq-Cents par le
département du Morbihan, il forma dans cette Assemblée des
liaisons avec le parti de Clichy, fut condamné à la déportation
lors du coup d'Etat du 18 fructidor, réussit à échapper aux
poursuites dirigées contre lui, et se rendit, en 1799, à l'île
d'Oléron, où il vécut en exil jusqu'au Consulat.

« En 1801, le premier consul confia à Villaret-Joyeuse, dit
M. Th. Bachelet, le commandement des forces navales dirigées contre Saint-Domingue, et portant l'armée du général
Leclerc. A son retour, en 1802, il fut nommé capitaine-général
de la Martinique et de Sainte-Lucie, qu'il rendit aux Anglais
en 1809, après une vigoureuse défense contre des forces très
supérieures. En 1811, Napoléon Ier récompensa sa belle défense
de la Martinique en l'envoyant à Venise comme gouverneur
général et commandant d'une division militaire. »

L'amiral Villaret mourut dans ce dernier poste en 1812.

Coïncidence curieuse! c'était au moment où, à près d'un
siècle de distance, un autre marin, l'amiral Courbet, venait
de mourir glorieusement au Tonkin, après avoir, lui aussi,
imposé silence à ses préférences politiques, afin d'être utile à

sa patrie, que la ville d'Auch élevait une statue à Villaret-Joyeuse, qui, malgré son attachement à l'ancien régime, n'avait pas hésité à se mettre au service de la République pour défendre son pays. De nombreux points de ressemblance existent, en effet, entre ces deux illustres marins, et M. le préfet du Gers, qui présidait la cérémonie d'inauguration de la statue de Villaret-Joyeuse, n'a point manqué d'y faire une intéressante allusion :

« La cérémonie qui nous réunit, disait-il en effet ce jour-là, est pleine d'actualité, car votre héros auscitain appartient à cette vaillante marine française qui porte aujourd'hui le deuil de l'un de nos plus illustres contemporains; et s'il m'était donné d'établir un parallèle entre Villaret-Joyeuse, dont nous inaugurons la statue, et le glorieux Courbet, qui aura la sienne sur la principale place d'Abbeville, je n'aurais pas de peine à trouver de nombreux points de ressemblance. Je n'en retiendrai qu'un, et je vous dirai que, si leurs traditions de famille et peut-être aussi leurs préférences personnelles les rattachaient à des régimes politiques qui ne sont plus, ils ont, à un siècle de distance, loyalement adhéré, l'un et l'autre, aux institutions nouvelles et mis leur épée au service de la République lorsqu'elle a fait appel à leur dévouement et à leur courage. Ce sont là de nobles exemples qui ne doivent pas être perdus, des actes de haut civisme qui doivent être pour tous un fortifiant enseignement. »

Ecouchard-Lebrun (né à Paris en 1729, mort en 1807), poète lyrique qui jouissait d'une grande réputation sous la

Révolution et sous l'Empire, a célébré, dans une ode demeurée célèbre, le plus glorieux épisode du combat naval du
13 prairial an II, la mort héroïque des marins qui montaient
le vaisseau *le Vengeur*. Voici les strophes de ce poète, que ses
contemporains avaient surnommé *le Pindare français* :

LE VAISSEAU *LE VENGEUR.*

ODE.

Au sommet glacé du Rhodope,
Qu'il soumit tant de fois à ses accords touchants,
Par de timides sons le fils de Calliope
    Ne préludait point à ses chants.

Plein d'une audace pindarique,
Il faut que des hauteurs du sublime Hélicon,
Le premier trait que lance un poète lyrique
    Soit une flèche d'Apollon.

L'Etna, géant incendiaire,
Qui d'un front embrasé fend la voûte des airs,
Dédaigne ces volcans dont la froide colère
    S'épuise en stériles éclairs.

A peine sa fureur commence,
C'est un vaste incendie et des fleuves brûlants.
Qu'il est beau de courroux, lorsque sa bouche immense
    Vomit leurs flots étincelants !

Tel éclate un libre génie,
Quand il lance aux tyrans les foudres de sa voix ;
Telle à flots indomptés sa brûlante harmonie
Entraîne les sceptres des rois.

Toi que je chante et que j'adore,
Dirige, ô Liberté ! mon vaisseau dans son cours :
Moins de vents orageux tourmentent le Bosphore
Que la mer terrible où je cours.

Argo, la nef à voix humaine,
Qui mérita l'Olympe et luit au front des cieux,
Quel que fût le succès de sa course lointaine,
Prit un vol moins audacieux.

Vainqueur d'Eole et des Pléiades,
Je sens d'un souffle heureux mon navire emporté.
Il échappe aux écueils des trompeuses Cyclades,
Et vogue à l'immortalité.

Mais des flots fût-il la victime,
Ainsi que le *Vengeur* il est beau de périr :
Il est beau, quand le sort vous plonge dans l'abîme,
De paraître le conquérir.

Trahi par le sort infidèle,
Comme le lion pressé de nombreux léopards,
Seul au milieu de tous sa fureur étincelle ;
Il les combat de toutes parts.

L'airain lui déclare la guerre ;
Le fer, l'onde, la flamme entourent ses héros.
Sans doute ils triomphaient ; mais leur dernier tonnerre
Vient de s'éteindre dans les flots.

Captifs !... la vie est un outrage :
Ils préfèrent le gouffre à ce bienfait honteux.
L'Anglais , en frémissant, admire leur courage ;
Albion pâlit devant eux,

Plus fiers d'une mort infaillible,
Sans peur, sans désespoir; calmes dans leurs combats,
De ces républicains l'âme n'est plus sensible
Qu'à l'ivresse d'un beau trépas.

Près de se voir réduire en poudre,
Ils défendent leurs bords enflammés et sanglants.
Voyez-les défier et la vague et la foudre,
Sous des mâts rompus et brûlants !

Voyez ce drapeau tricolore
Qu'élève en périssant leur courage indompté ;
Sous le flot qui les couvre, entendez-vous encore
Ce cri : *Vive la liberté !*

Ce cri.... c'est en vain qu'il expire,
Étouffé par la mort et par les flots jaloux :
Sans cesse il revivra, répété par ma lyre ;
Siècles, il planera sur vous !

XIV.

LES ANIMAUX.

La baleine.

La plupart de nos lecteurs ont entendu parler de la baleine, cet énorme cétacé long de vingt-cinq mètres, le plus gros des mammifères. Il en existe plusieurs espèces. La plus recherchée des pêcheurs, la baleine franche, dépourvue de nageoire sur le dos, était jadis assez commune dans nos mers; mais, poursuivie sans relâche, elle s'est peu à peu éloignée de nos parages et ne se rencontre plus aujourd'hui que dans les mers glacées qui avoisinent le pôle.

La tête de ces mammifères pisciformes forme environ le tiers de leur longueur totale; leur bouche énorme, largement

fendue jusqu'aux nageoires latérales, est dépourvue de dents,
elle est garnie des deux côtés de la mâchoire supérieure par
une série de grandes lames transversales formées par une
espèce de corne fibreuse et très élastique. Ces lames, appelées
fanions, sont serrées les unes contre les autres comme les
dents d'un peigne et constituent une sorte de crible propre à
retenir les petits animaux dont les baleines se nourrissent.

« D'après la taille gigantesque des baleines, dit M. Milne-
Edwards, on serait tenté de croire que ces animaux doivent
dévorer les poissons les plus gros; mais il en est tout autrement : l'absence de dents, la structure de leurs fanions et la
faiblesse des muscles de leur mâchoire ne leur permettent de
s'emparer que des plus petits animaux marins ; leurs aliments
ordinaires consistent en petits mollusques, en crustacés longs
de quelques millimètres, et en zoophytes dont le corps est
mou comme de la gelée ; mais le nombre de ces êtres étant
immense, elles n'ont pour ainsi dire qu'à ouvrir leur gueule
pour les engloutir par milliers. Du reste, elles sont très voraces
et mangent presque continuellement. La vapeur d'eau qui
s'échappe de leurs poumons est rejetée au dehors par les
narines, et, en se condensant, forme au-dessus de leur tête un
jet élevé qui retombe en une espèce de pluie fine. Les baleines
nagent avec une très grande vitesse ; n'ayant aucune arme
pour se défendre et étant le plus souvent embarrassées de la
masse énorme de leur corps, elles ne sont point capables
d'éviter les attaques d'ennemis robustes et agiles, et la conscience de leur faiblesse les rend en général fort craintives ;

quelquefois, cependant, elles deviennent furieuses et déploient toute leur force pour se défendre ou pour échapper à leurs persécuteurs. On assure que, lorsqu'elles frappent la surface de l'eau avec leur queue, elles produisent un fracas pareil à celui d'un coup de canon. »

Branche importante de commerce maritime, la pêche de la

Pêche de la baleine.

baleine occupe chaque année des flottes entières. Autrefois, les Basques s'y livraient presque seuls; mais aujourd'hui elle est faite presque exclusivement par les Anglais et les Américains. « Lorsque les pêcheurs aperçoivent une baleine, dit encore M. Milne-Edwards, ils mettent aussitôt leurs chaloupes à la mer et s'avancent en silence vers elle. Un d'eux, plus robuste et plus adroit que les autres, se tient debout, armé d'un harpon, sorte de lance attachée à une corde, et, aussitôt qu'il est à portée de la baleine, il le lui lance. Le harpon s'enfonce dans le corps de l'animal, qui, se sentant blessé, plonge aussitôt avec la rapidité d'un trait, et entraîne avec lui la corde attachée à cet instrument; mais bientôt le besoin de respirer le force à remonter à la surface, et alors on le harponne de nouveau. Tourmentée par la douleur, la baleine fait des efforts incroyables pour se débarrasser des harpons qui la déchirent; mais enfin, épuisée par la fatigue et la perte de son sang, elle ne peut plus ni fuir, ni se défendre; alors les pêcheurs la tirent à eux à l'aide de cordes attachées aux harpons, et l'achèvent à coups de lance; mais jusqu'à ce qu'elle soit morte, ils évitent avec soin sa terrible queue, dont un coup ferait voler leur chaloupe en éclats. Lorsqu'on s'est assuré que la baleine est morte, on l'attache aux flancs du navire, et des hommes habillés de vêtements de cuir, et pourvus de bottes garnies de crampons, descendent sur le corps de l'animal et enlèvent par tranches le lard dont toute sa surface est recouverte. Ce lard est ensuite fondu pour en extraire l'huile, dont on retire quelquefois cent vingt tonneaux d'une seule baleine. »

Le Muséum d'histoire naturelle de Paris, au Jardin des Plantes, a reçu, à la fin de l'année 1885, le squelette d'un de ces gigantesques animaux, dont le cadavre était venu s'échouer sur nos côtes. C'est dans la Méditerranée, aux environs de Toulon, que fut trouvée cette baleine, morte depuis quelques jours. Le Muséum de Marseille la réclamait; mais les règlements accordent à la chaire d'anatomie comparée de Paris toutes les épaves ayant un intérêt scientifique qui échouent sur nos rivages.

Il paraît que le dépeçage de ce formidable cadavre ne s'est pas accompli sans peine : il a fallu quatre jours de travail pour mettre ce squelette à nu et le dépouiller de ses chairs en décomposition.

Seul, le garde maritime de la Seyne put assister, sans broncher une minute, à l'opération ; mais les préparateurs suffoquaient et étaient obligés d'aller respirer à tout instant de l'air pur.

L'animal dont Buffon disait que, « en le créant, la nature paraissait avoir épuisé sa puissance merveilleuse, » devient de plus en plus rare : cette race monstrueuse, qui semble une anomalie dans l'état actuel des êtres, traquée, chassée, poursuivie sans relâche, n'existera plus dans un siècle ou deux.

C'est alors que les Parisiens de ce temps-là s'étonneront de ces immenses squelettes du Muséum, et c'est alors qu'ils admireront — et, de fait, il y a là une belle audace ! — les marins qui harponnaient la baleine, montés dans de frêles canots !

Le rapport de la dernière autopsie d'une baleine montre bien ce qu'a pu être l'opération accomplie à Toulon : il a fallu user d'instruments tranchants dont le manche avait deux mètres de long.

Le dépècement commence derrière la tête, près de l'œil. La pièce de chair qu'on enlève a deux tiers de mètre de largeur.

On donne communément un demi-mètre de large aux autres bandes qu'on coupe ensuite et qu'on lève toujours de la tête à la queue, dans toute l'épaisseur de ce lard huileux.

Pour enlever les fanons, on soulève la tête avec une armature. Trois crochets, enfoncés dans la partie supérieure du museau, font ouvrir la gueule. Cette tête si grande ne contient qu'un très petit cerveau.

C'est autour du cerveau, dans une vaste cavité, qu'on trouve ce qu'on appelle le *blanc de baleine*, une substance fluide dont on pourrait recueillir dix-huit et vingt tonneaux ! On s'en servait autrefois comme d'un médicament. Mais on a établi que ce remède ne pouvait avoir aucune influence heureuse, ne pouvait que nuire, au contraire, par le dégoût qu'il inspire.

Un calcul, plus plaisant que sérieux, a été fait par un naturaliste : une baleine pesant en moyenne cent cinquante mille kilogrammes, sa masse est donc égale à celle de cent éléphants ou de quinze millions de rats.

XV.

ANECDOTES ET FAITS DIVERS.

Le papier.

Nos jeunes lecteurs ont vu un peu plus haut que l'on est arrivé à fabriquer des roues en papier, plus résistantes et plus solides que des roues en acier. Ils seront sans doute désireux d'apprendre à quelle quantité fabuleuse s'élève maintenant la production du papier. Nous en profiterons d'ailleurs pour indiquer en même temps quelques-unes des applications les plus curieuses et originales auxquelles se prête ce complaisant produit de l'industrie.

On a dit quelquefois que le XIXe siècle était *l'âge du fer*. On pourrait tout aussi bien l'appeler *l'âge du papier*. En effet, partout s'impose l'utilité, la nécessité du papier. Voici à ce sujet un excellent article publié, en février 1886, par un des hommes les plus compétents en matière industrielle et scientifique :

Il n'existe peut-être pas, disait-il, de produit industriel qui soit plus répandu et employé dans toutes les branches de l'activité humaine.

Commerce, finances, arts, littérature, sciences, partout le papier occupe la première place.

Il est pour nous-mêmes un agent précieux, servant d'abord à fixer nos impressions pour passer ensuite sous forme de journal, de revue, de brochure ou de livre, des mains de l'imprimeur dans celles des lecteurs.

Jamais l'industrie du papier n'a réalisé autant de progrès que pendant ces dernières années.

Aussi parlons-nous, sans en être davantage surpris, des bouteilles en papier, des cols, des manchettes, des devants de chemises, des serviettes en papier, des roues de wagons, des rails, des voitures, des toits, des sacs, des semelles de souliers, des chapeaux, des cheminées d'usine et de bien d'autres choses encore, tout cela en papier.

Il y a très peu de temps, n'a-t-on pas vu un bateau en papier traverser une partie de l'Europe ?

Ne vient-on pas de découvrir le papier lumineux ?

Les Etats-Unis ont organisé, en 1886, des fêtes pour célébrer le bi-centenaire de l'introduction de l'imprimerie en Amérique. L'occasion a paru favorable pour étudier la production du papier, ce tout-puissant facteur de l'imprimerie, et quelques-unes de ses applications les plus originales.

Laissant de côté l'Asie, l'Afrique et l'Océanie, sur lesquelles nous sommes imparfaitement renseignés, nous commencerons par chercher l'importance numérique de l'industrie du papier en Europe et aux Etats-Unis.

L'Europe produit un million de tonnes de papier.

La production de la France seule s'élève à 178,885 tonnes, d'une valeur de 120,809,905 fr., et occupant, dans 516 manu-factures, 33,371 ouvriers, dont 17,816 hommes, 11,596 femmes et 3,589 enfants.

L'Angleterre, qui en 1588 ne fabriquait qu'un grossier papier d'emballage et achetait tout son papier à la France, possède actuellement près de 1,000 fabriques, produisant plus de 200,000 tonnes de papier.

La première fabrique américaine fut fondée en 1690 à Philadelphie, et les Etats-Unis, qui au commencement de ce siècle ne produisaient presque pas de papier, en produisent actuellement plus de 500,000 tonnes.

La papeterie consomme 800,000 tonnes de chiffons par an. Le vieux papier, la paille, le bois, les vieux cordages qu'elle emploie pour ses pâtes, s'élèvent à un poids au moins égal.

L'industrie du papier en Europe et en Amérique dépense donc pour plus de 500 millions de matières premières, soit :

Chiffons.	380 millions.
Paille et bois.	20 —
Vieux papier, alfa, etc. . .	100 —

L'emploi de toutes ces substances donne 1,500,000 tonnes de

papier environ, dont le prix de revient dépasse un *milliard* de francs, précisément le chiffre du capital engagé dans les constructions et l'outillage par la papeterie en Europe et aux Etats-Unis.

Sur ces 1,500,000 tonnes de papier, il faut en prélever : 120,000 tonnes pour le papier à écrire, d'une valeur approximative de 160 millions de francs; 300,000 tonnes pour les publications périodiques; 80,000 tonnes pour la librairie; et 120,000 tonnes pour les services des administrations et du commerce.

Y compris l'encre et l'impression, les trois catégories du papier à imprimer atteignent une valeur totale de *un milliard sept cent quarante millions de francs*

On compte environ une production de 60,000 tonnes de carton, 60,000 tonnes de papier de tenture, 60,000 tonnes d'espèces diverses, telles que papier buvard, papier de soie, papier à filtrer, etc., d'une valeur totale de 600 millions de francs.

Pour noircir tant de papier, nous usons annuellement pour 20 millions de francs de plumes métalliques, lesquelles reviennent en moyenne à l'usine au prix de 60 cent. la grosse (144 pièces); pour une valeur égale de caractères d'imprimerie; 200 millions de pièces de crayons, lesquels reviennent en moyenne à l'usine au prix de 4 fr. la grosse; en outre, il faut deux kilogrammes d'encre pour imprimer cent kilogrammes de papier, et plus de trois millions de planches gravées ou de clichés sont employés annuellement pour les illustrations.

Si nous envisageons tous les métiers qui viennent se greffer sur l'industrie du papier, nous verrons qu'en dehors de l'importance du personnel nécessaire à une aussi énorme fabrication, nous avons raison de considérer le papier comme un produit universel.

En effet, ce n'est pas seulement à la correspondance, à l'impression, à l'emballage, à la tenture et au tabac, que le papier est employé.

Voici, par exemple, des cheminées en papier. Nous parlons des cheminées d'usine, de ces hautes colonnes ordinairement construites en briques et qui mesurent quelquefois jusqu'à vingt et vingt-cinq mètres.

Eh bien ! une usine de Breslau possède une cheminée en papier de seize mètres de hauteur. Cette cheminée a été construite à l'aide de blocs de papier comprimé assemblés au moyen d'un ciment siliceux.

On a remarqué que la pâte de papier comprimée résiste parfaitement au feu, et elle est même recommandée aujourd'hui pour les portes qui doivent résister à la flamme.

Les expériences faites sur la cheminée de Breslau ont donné les meilleurs résultats au point de vue de la solidité, de l'élasticité et de l'incombustibilité. Le prix de revient est inférieur à celui des cheminées en briques.

On fait même des conduits de gaz en papier. Mais le gaz lui-même est peut-être appelé à disparaître devant le papier.

Puisque nous sommes sur ce chapitre, disons quelques mots du papier *lumineux*, qui est certainement l'invention la plus originale que l'on puisse imaginer.

XVI.

QUELQUES ESQUISSES DE PORTS DE MER.

Saint-Brieuc.

Saint-Brieuc, que l'on appelait autrefois *Briocum* ou *Brioci*, est une ville maritime de quinze mille habitants, située dans un fond environné de montagnes, à quatre kilomètres de l'embouchure dans la Manche de ce petit fleuve, et à quatre cent cinquante-six kilomètres ouest-sud-ouest de Paris.

Chef-lieu du département des Côtes-du-Nord, Saint-Brieuc est en outre le siège d'un évêché suffragant de Rennes et possède un tribunal de première instance et un de commerce, une école d'hydrographie, un lycée, un séminaire, une chambre de commerce, une riche bibliothèque, un musée d'histoire naturelle, etc. Cette ville dépendait autrefois du parlement de

Rennes, de l'intendance de Nantes, et formait une amirauté et un gouvernement particulier.

La cité n'a réellement prospéré que depuis la Révolution : sa population a plus que doublé depuis cette époque, et cependant Saint-Brieuc n'est point de fondation récente, puisque, selon certains savants, elle serait l'ancienne *Biduc* ou *Biduce*, capitale des *Biducassi*, dont parle le géographe Ptolémée, qui vivait au commencement du IIᵉ siècle de notre ère. Toutefois une opinion plus accréditée ne fait remonter son origine qu'au Vᵉ ou VIᵉ siècle, époque où saint Brieuc, revenant d'Angleterre, débarqua auprès de l'embouchure du Gouët et fonda un monastère en cet endroit. Autour de ce monastère se forma peu à peu une ville, qui prit le nom du fondateur et fut érigée en évêché au IXᵉ siècle.

La cathédrale, en style gothique du XIIIᵉ siècle et fort curieuse, est à peu près le seul monument ancien digne d'être remarqué ; et cependant cette petite ville avait encore, au commencement de notre siècle, trente-deux églises ouvertes aux fidèles. On y remarque toutefois le pont sur le Gouët, de belles promenades, entre autres le jardin public, planté d'ormes sur une longueur de près d'un kilomètre, et situé sur la crête d'une colline. De là on jouit d'une vue magnifique, surtout du côté du littoral, où l'on aperçoit à ses pieds, encaissée à une grande profondeur, une vallée qu'arrose un ruisseau aux eaux abondantes, dans lesquelles les lavandières bretonnes viennent laver leur linge. Cette vallée conduit à la mer.

Auprès de la ville existent une source d'eau ferrugineuse et des carrières d'où l'on extrait un beau granit qui est employé jusqu'à Paris.

L'industrie est représentée à Saint-Brieuc par de nombreuses filatures de coton et fabriques de tiretaine, draps, molletons, boutons d'or et liqueurs, par des brasseries et des tanneries. Son commerce d'exportation a pour principaux objets le lin, le chanvre, l'huile de lin, les grains, le suif, le beurre, le cuir, les bestiaux et le miel.

Presque tous les habitants des environs de Saint-Brieuc se livrent en grand à l'élevage des porcs et ont l'habitude d'envoyer, à marée basse, tous ces animaux se nourrir sur la plage de coquillages et de détritus marins. La mer, qui se retire à près de cinq kilomètres, laisse un vaste champ à la voracité des pourceaux. C'est un fort curieux spectacle que de voir la gent porcine fouiller du groin la vase et les touffes d'herbes marines et barboter dans les flaques d'eau; puis, au moment où la mer commence à monter, toutes les ménagères accourent, jambes nues et jupons largement retroussés, et ramènent à la rive, en les pourchassant devant elles, porcs, truies et cochonnets, qu'elles enferment dans leurs toits jusqu'à la marée basse du lendemain.

Cette ville, « assez maladroitement bâtie, puisque non seulement elle n'est pas sur la mer, mais qu'elle n'en a pas même la vue, malgré sa proximité, » s'en dédommage par son port du Légué, situé au village de ce nom, également sur le Gouët et à environ deux kilomètres au-dessous de Saint-Brieuc.

Très sûr et d'un abord facile, le Légué arme tous les ans de nombreux bâtiments pour la pêche à la morue. Les états de Bretagne, tenus à Saint-Brieuc en 1768, ont doté le Légué d'un quai magnifique qui en fait un des meilleurs ports de cette côte.

Le Légué, dit Malte-Brun, « a remplacé le *portus Sessonius* de la légende de Saint-Brieuc, qui se trouvait anciennement situé sur la rive gauche de l'embouchure du Gouët, et qui a été détruit, en 709, par une irruption de l'Océan. Il est formé par un canal de six mètres de profondeur et de neuf cent cinquante de longueur, dans lequel se trouve encaissée la petite rivière du Gouët, qui coule de l'ouest à l'est. La largeur du canal, un peu rétréci vers le milieu de son parcours, est en moyenne de vingt-six mètres. Vers la fin du siècle dernier, le Légué était loin d'offrir cette réunion de maisons gracieusement groupées en amphithéâtre que l'on y voit aujourd'hui ; c'était un marais que baignait deux fois par jour la marée montante, et sur les bords duquel étaient disséminées quelques pauvres habitations. Les états de Bretagne, frappés des justes représentations des habitants de Saint-Brieuc, y firent faire, en 1752, les premiers travaux, qui ont depuis été continués à différentes époques jusqu'en 1847, époque à laquelle on a décidé la construction d'un bassin à flot, sur la rive droite du Gouët, dans le marais de *Rohannet*, avec un barrage éclusé. Ce bassin permet aux navires tirant douze, treize et même quatorze pieds d'eau, d'entrer en tout temps et à toute heure dans le port.

Le Légué tient une place honorable dans la statistique des

ports de France; il est le dixième pour le nombre des marins attachés à l'inscription maritime, le dix-neuvième pour le produit des droits de douane, et le trente-neuvième au point de vue des entrées et des sorties : il a douze bâtiments de quinze à cent tonneaux, jaugeant six cent cinquante-sept tonneaux, et trente-quatre bâtiments de cent tonneaux et au-dessus, jaugeant ensemble six mille soixante-trois tonneaux. Il envoie chaque année un grand nombre de navires à la pêche de Terre-Neuve.

« Sur une pointe de terre qui forme l'entrée du port s'élèvent les restes de la tour de Cesson, entourée d'un double fossé creusé dans le roc; c'était autrefois une des meilleures places de la province. Prise et reprise au temps des guerres de religion, elle a été démolie par l'ordre de Henri IV. Les marins l'aperçoivent de vingt-quatre kilomètres en mer, et elle leur sert de point de reconnaissance pour se diriger vers le port.... Une belle grève d'un sable uni et ferme, qui s'étend au pied de la tour de Cesson, sert maintenant de théâtre à de brillantes courses de chevaux fondées en 1807, et qui attirent de nombreux spectateurs. »

Depuis sa fondation jusqu'à la fin du xive siècle, l'histoire de Saint-Brieuc se confond avec celle de ses évêques, qui, de bonne heure, avaient obtenu la seigneurie temporelle de la ville et de ses environs. Le fief de Saint-Brieuc, dit encore Malte-Brun, « était dans la catégorie des réguaires, qui tenaient un rang distingué parmi les principaux fiefs du duché de Bretagne, où les évêques, comme paires ecclésiastiques du duc, jouissaient de la plupart des droits attribués aux hauts barons.... Pourtant cette paisible existence fut troublée à la fin de ce même siècle. La guerre, dans les querelles de Jean IV de Bretagne et de Clisson, vint tourbillonner autour de Saint-Brieuc et s'abattit enfin sur elle. Les Briochins tenaient pour le duc, Clisson vint les assiéger. Ils se renfermèrent dans la cathédrale, que les évêques, en leur qualité de souverains temporels, avaient fortifiée comme une citadelle. Ils s'y défendirent quinze jours, et ne cédèrent qu'après que le connétable eut fait avec ses machines plusieurs brèches considérables à leurs murailles. Le duc, très sensible à cette perte, accourut avec des forces supérieures, et, ne pouvant attaquer Clisson dans les murs dont il s'était emparé, l'attendit durant six jours sur la grève d'Hillion. Clisson refusa le combat, et bientôt l'intervention du roi de France fit cesser la lutte.

« La guerre visita encore Saint-Brieuc deux siècles plus tard. Près de la ville, et sans doute pour la défendre des attaques des Anglais, avait été bâtie la tour de Cesson, au bord de la mer, sur une falaise de deux cents pieds de haut. La tour elle-même avait cent pieds. On en attribue la fondation à Charles de Blois. En 1591, Avaugourd Saint-Laurent, lieutenant du duc de Mercœur, vint mettre le siège devant cette tour formidable, qui tenait pour le roi. Une armée royaliste, commandée par Rieux de Sourdéac, vint le forcer à lever le siège, et, l'ayant fait prisonnier, l'enferma dans cette même tour où il avait compté entrer en vainqueur. Le duc de Mercœur accourut pour venger son lieutenant, et força la place à

capituler, après y avoir envoyé quatre cents volées de canon.
Le maréchal de Brissac la reprit en 1598, et Henri IV, qui
démolissait partout les forteresses de Bretagne, fit tomber
celle-ci comme beaucoup d'autres. On en voit encore d'impo-
sants débris.

« Le XVIIᵉ siècle eut une grande importance pour Saint-
Brieuc. Cette ville n'avait point eu, au moyen âge, ce mouvement municipal qui avait fait la richesse et la force de la plupart des villes de France. Aussi n'avons-nous vu à aucune
époque la population briochine se signaler par sa richesse, sa
force, son émancipation. On a remarqué que la ville n'était
pas fortifiée. La cathédrale seule l'était. En fait d'institutions
municipales, nous trouvons bien des syndics, mais dont l'établissement ne remonte pas au delà du règne de Henri II. Ce
n'est que par un édit de 1692 que Saint-Brieuc obtint d'avoir
des maires et autres officiers municipaux. Ce n'est qu'en 1628
qu'elle fut munie d'une enceinte fortifiée, dont il ne reste plus
de traces aujourd'hui, et que des milices y furent organisées.
Ces milices, destinées à la défense des côtes, se signalèrent en
plusieurs occasions, particulièrement à l'attaque d'une frégate
hollandaise qui s'était trop avancée sur les grèves et s'y trouvait à sec. Elles enlevèrent d'assaut cette forteresse d'un nouveau genre, malgré un feu bien nourri, et le roi, en récompense, leur donna six des canons de la frégate (1675). Plus
tard, à la bataille de Saint-Cast, on retrouve encore honora-
blement les milices briochines. Ce n'est qu'en 1620 que Saint-
Brieuc posséda une imprimerie. Elle fut établie sous la direc-

tion de Guillaume Doublet. Pour favoriser un établissement si utile, l'évêque, le chapitre de la cathédrale et la communauté de la ville payèrent chacun une somme de 200 livres. En 1601, un collège avait été fondé et placé sous la direction du chapitre..... »

C'est à Saint-Brieuc que furent tenues les assemblées des états de Bretagne. Il y en eut quatorze jusqu'en 1768. La première que l'on connaisse est de 1567.

En 1789, lorsque éclata la Révolution, non seulement la noblesse et le clergé du diocèse de Saint-Brieuc firent de l'opposition au nouveau gouvernement, mais la bourgeoisie elle-même « montra peu de sympathie pour les idées nouvelles et ne suivit que mollement l'exemple des autres villes de la province. Les prêtres avaient la plus grande influence et refusèrent presque le serment de fidélité à la constitution. »

Cependant, durant toute la période révolutionnaire, le gouvernement républicain resta maître de Saint-Brieuc. La ville ne fut même attaquée qu'une seule fois par les chouans du voisinage, dans la nuit du 4 au 5 brumaire de l'an VIII. Ces insurgés ne s'étaient d'ailleurs jetés sur la ville que pour délivrer leurs compagnons qui y étaient retenus prisonniers, et ils se retirèrent aussitôt après avoir réussi dans leur entreprise.

XVII.

VARIÉTÉS.

Une inondation en Chine.

Quand, par un de ces cataclysmes que la main de l'homme ne sait pas encore détourner, un fleuve sort de son lit en Europe, écrivait, au commencement de l'année 1888, M. Gérard Maire, à qui nous empruntons l'émouvant récit qui suit, c'est par centaines ou au plus par milliers que l'on compte les victimes, et les peuples, oubliant les rivalités de la politique, font de leur mieux pour aider les victimes ! Mais quel nom donner à l'inondation dont le dernier courrier de Chine apporte le récit ? Quelle expression peut-on employer pour décrire un cataclysme qui fait *sept millions* de victimes, *sept millions* d'êtres humains enlevés, balayés par les flots?... Et c'est pourtant ce qui vient d'arriver en Chine.

Le Hwang-Ho, autrement dit fleuve Jaune, est sorti de son lit et, brisant les barrières qu'on avait élevées devant lui il y a deux mille ans, a inondé complètement un espace de cinquante kilomètres carrés. Douze cents villages ont disparu, ne laissant aucune trace de leur existence, et le fleuve roule ses flots là où les Chinois vivaient tranquilles et heureux !

Il ne faudrait pas croire que ce soit la première fois que le fleuve Jaune est cause de pareils malheurs. Les annales de la Chine mentionnent cinq inondations de ce genre depuis deux mille ans. Seule celle de 1852 a été connue en Europe, cependant au bout de cinq ans seulement. Et on traçait encore en Europe le cours du fleuve Jaune quand il était, depuis des années déjà, quatre cents kilomètres plus au nord du golfe de Petschili ; car ces inondations sont causées par des soubresauts que fait le fleuve. Les Européens habitant Schang-Haï écrivent que cette fois-ci le fleuve a reculé de cinq cents kilomètres. Le cataclysme a été causé par dix jours de pluies continuelles ; le onzième jour, un vent furieux s'est élevé, a jeté des masses d'eau formidables contre les talus qui ont fini par céder. Les habitants de la région, tous réquisitionnés, ont eu beau travailler avec rage, le fleuve se fraya une route et alla se jeter dans un fleuve voisin, le Lu-Tschin.

Les eaux, ne rencontrant plus aucun obstacle, allèrent se briser contre les murs de la ville de Tachungmu ; la ville fut balayée ; les eaux couvrirent alors toute une province et se précipitèrent vers la mer sur une largeur de cinquante kilomètres.

Un pareil malheur aurait-il pu être évité ? Les Européens qui connaissent la région hésitent à répondre à cette question. Le fleuve Jaune vient des hauts plateaux de la Mongolie et entre en Chine sur un terrain très mou, composé de matières jaunes qu'il entraîne avec lui. Les bords du fleuve sont toujours couverts de ces matières qui ne présentent aucune résistance. De plus, le lit du fleuve devient toujours plus élevé et les inondations deviennent toujours plus faciles.

Il ne faudrait pas croire que le gouvernement chinois ne fait rien pour les inondés. L'impératrice leur a fait envoyer trente-deux millions de livres de riz et leur a fait remise des impôts pour une année entière; et, comme il faut que la singulière façon dont les Chinois comprennent la justice garde toujours ses droits, le *Journal officiel* de Pékin contient un décret par lequel l'empereur ordonne que le sous-préfet et le maire de Schang-an, l'employé départemental de Tscheng-tschu, et le gouverneur de Tschu-tschu, seront attachés pendant huit jours et huit nuits en face de l'endroit où les digues ont été brisées « et où tout le monde pourra les voir ». Cela ne rendra pas la vie aux noyés, et l'on ne voit pas trop à quoi cela servira aux survivants ! Mais c'est la justice chinoise qui le veut ainsi !

XVIII.

LES DÉVOUEMENTS.

Le pilote Avisse.

Comme Delannoy, dont nous aurons plus loin à entretenir nos lecteurs, Avisse est un brave marin de nos côtes, qui exerce la profession de pilote, et qui, par surcroît, expose constamment sa vie pour arracher à la mort les personnes en danger de périr.

Le 13 mai 1888, le président de la Société Humaine et des Naufragés de Boulogne-sur-Mer adressait au ministre de la marine une note débutant ainsi :

« Monsieur le Ministre,

« Je viens, au nom de la Société Humaine et des Naufragés, proposer, pour la décoration de la Légion d'honneur, le très méritant pilote du port de Boulogne, Avisse (Emile-Alfred), âgé de quarante-cinq ans, marin classé ayant trente ans de navigation, dont cinq au service de l'Etat. »

Une énumération émouvante venait ensuite. C'était; écrivait-on en janvier 1889, l'exposé très simple, mais vraiment extraordinaire dans sa simplicité, des faits qui motivaient la décoration du pilote.

En 1865, Avisse n'a pas encore six mois de service, et il est nommé marin de deuxième classe pour son héroïsme dans un incendie. En 1866, il sauve six hommes d'un brick anglais, *l'Olympe*, perdu à l'ouest de Fécamp. En 1868, il sauve encore six hommes d'un autre bateau anglais, *l'Ouly Son*, naufragé à l'est de Boulogne. En 1869, les ingénieurs des ponts et chaussées signalent ses grands services rendus dans le renflouement du *Georges-Finars*, échoué entre les jetées de Dieppe. En octobre 1870, pendant la guerre, il ramène saine et sauve, des mers du Nord, une goélette prussienne capturée par un temps qui semblait rendre tout retour impossible ; et six semaines plus tard, à peine relevé des terribles misères de cette expédition, il pilotait sur tout le littoral, de Calais à Cherbourg, *l'Hirondelle*, l'aviso qui portait Gambetta. Puis, en septembre de la même année, il se jette dans le port de Boulogne pour sauver un préposé des douanes, et le sauve. Puis, en 1873, il sauve cinq hommes de la goélette *Clarisse*. Puis, en 1875, il sauve six hommes de la goélette *Haydée*. Puis, en 1876, il sauve cinq hommes et une femme de la goélette *l'Alerte*. Puis, en 1877, il sauve trois hommes du lougre *la Providence*.

Le pilote Avisse.

Un soir d'hiver, à dix heures, le 26 janvier 1877, le gardien du phare de Boulogne donna l'alarme. A l'ouest de la jetée, à un quart de mille du port, un lougre qui rentrait, *la Providence*, avait manqué d'eau. Il était chargé de ciment, et, aussitôt échoué, à peine saisi par le sable, il avait coulé. C'était à marée montante, et la mer s'élevait pendant que le bateau s'enfonçait ; en quelques instants, le pont se trouva sous l'eau.

Avisse prit douze hommes, sauta avec eux dans un canot, et gagna la *Providence*. Ce fut une lutte insensée ! Le sauvetage dura deux heures. Le capitaine, le matelot et le mousse purent enfin être sauvés !...

En 1883, à Boulogne, il se jette de nouveau dans le port et y sauve encore un sieur Boutoille. Et jusqu'en 1887, par les plus gros temps, l'hiver, la nuit, par les mers les plus menaçantes, il opère encore cinq grands sauvetages : sauvetages de seize hommes d'un lougre qui s'appelle encore *Providence ;* de huit hommes du bateau 1536, d'Etaples ; de cinq hommes du lougre *Sainte-Anne ;* de six hommes et de deux mousses du lougre 1618 ; de tout l'équipage, enfin, du navire *Bonne-Mère*, de Paimpol, en détresse à trente milles en mer.

Avisse avait donc à son actif quatorze sauvetages, un renflouage et deux faits de guerre : la France lui devait un navire et un pavillon allemands ! Des armateurs lui devaient un navire, c'est-à-dire une fortune ! Soixante et onze êtres humains lui devaient la vie !

Le Président de la Société de Boulogne avait adressé sa note au ministre, afin qu'Avisse fût décoré pour le 14 juillet.... Le 14 juillet vint, et Avisse ne fut pas décoré.

Pauvre et magnifique pilote! il n'avait pas de chance.... Trois fois déjà on avait demandé pour lui la médaille militaire, l'humble médaille militaire : une fois en 1869, une fois en 1870, une fois en 1871 ; mais la médaille ne lui était jamais venue !

Enfin, cependant, la croix de la Légion d'honneur a fini par venir. Elle est arrivée au bout de dix-huit ans. Depuis le 1er janvier 1889, un bout de ruban, un petit bout de ruban rouge, est attaché sur la poitrine du brave pilote Avisse. Voilà une décoration bien placée !

XIX.

NOS STATUES.

Dumnacus.

Le 28 août 1887, la petite ville des Ponts-de-Cé (chef-lieu de canton du département de Maine-et-Loire) était en fête. La statue de l'un de nos plus glorieux ancêtres de l'époque gauloise, Dumnacus, était inaugurée ce jour-là dans cette localité, située à peu près à l'endroit où ce fier héros de l'indépendance de la Gaule fut définitivement défait par les légions romaines. Mais les généreux efforts et l'intrépide courage du glorieux vaincu dans la lutte inégale qu'il avait entreprise pour sauver la liberté de son pays méritent d'être éternellement glorifiés.

Dumnacus ne doit pas être oublié par les descendants de ces fiers Gaulois qui, il y a près de deux mille ans, firent payer si cher aux Romains leur brillante conquête. Et cependant, qui se souvenait de lui avant que les habitants des Ponts-de-Cé eussent l'excellente pensée patriotique de lui élever une statue ?... Dumnacus était un grand oublié, aussi bien que les Camulogène, Adiatumnus, Dumnorix, et tous les autres héros de la guerre gauloise, tous les chefs intrépides de ces hordes enthousiastes de leur indépendance, qui se ruèrent contre les légions de Jules César et de ses lieutenants, essayèrent héroïquement de leur barrer la route, et aimèrent mieux mourir en combattant que vivre sous le joug de l'étranger. Hélas! la plupart des valeureux guerriers de cette époque sanglante, la plupart des émules de Vercingétorix — le seul dont le nom ait triomphé de l'oubli — qui firent trembler les lieutenants de César, sont bien oubliés aujourd'hui.

Certes, parmi ceux qui, lors de l'invasion des Gaules, se dévouèrent le plus pour l'indépendance de la patrie, qui luttèrent énergiquement et longtemps contre les légions romaines, sans se laisser abattre par les échecs, sans se laisser gagner par l'or des vainqueurs, Dumnacus mérite d'être cité en bonne place.

C'est pourquoi nous tenons d'autant plus à mentionner ici la statue de ce chef gaulois érigée aux Ponts-de-Cé, petite ville peu éloignée d'Angers et située sur les trois îles de la Loire où Dumnacus lutta avec énergie contre une armée romaine.

C'était près de là qu'était placé l'ancien camp romain de Frémur, l'une des positions les plus importantes de César dans l'Ouest.

Dumnacus, écrivait un publiciste fort connu, à l'occasion de

l'inauguration de la statue du héros gaulois. Dumnacus fut un
chef gaulois du pays des Andes (1), qui se mit à la tête de la

Vercingétorix.

confédération des peuples de l'Ouest, soulevés en l'an 51 avant
Jésus-Christ.

---

(1) Les Andes étaient un peuple de la Celtique qui occupait le territoire qui fut
depuis l'Anjou (le département de Maine-et-Loire et une fraction de celui de la
Sarthe).

César, dans ses *Commentaires*, nous apprend que, lorsque Dumnacus assiégeait dans Lemonum, aujourd'hui Poitiers, le roi gaulois Duratius, chef des Pictons, l'espion par excellence des Romains, celui qui les avertissait de toutes les mesures prises par le parti national, il eut fort à faire pour forcer Dumnacus à lever le siège de cette ville.

Dumnacus voulait faire payer à Duratius ses trahisons et sa lâcheté, et Dumnacus tenait bon ; il repoussa tout d'abord les légions de C. Caninius ; mais ce dernier s'étant retranché dans un camp fortifié, Dumnacus, malgré plusieurs attaques, ne parvint pas à le déloger.

Il fallut que C. Fabius, averti du péril de Caninius, vînt à marches forcées au secours des légions et de Duratius, si étroitement bloqués.

Dumnacus, ne pouvant lutter contre deux armées romaines, leva le siège de Lemonum, poursuivi par les légions de Caninius et de Fabius ; il fut atteint sur les bords de la Loire, et, après un combat sanglant, obligé de fuir, ayant perdu une partie de son armée.

Ce combat funeste ne découragea pas Dumnacus, qui, excitant les siens, les reforma en bataille et se jeta le lendemain sur les légions romaines, mais en vain ; il perdit douze mille des siens et fut obligé de s'échapper, à peine suivi de quelques fidèles.

Dumnacus, tout entier à la vengeance, tout entier à la haine contre les envahisseurs du sol sacré, chercha encore à soulever les Carnutes et les Bretons ; il leva des hommes, rassembla une petite armée nouvelle; mais la promptitude de C. Fabius déjoua ces projets de revanche. Devant la brusque arrivée des légions, les invincibles Carnutes (1) et les Bretons furent obligés de se soumettre en donnant des otages, et Dumnacus, seul, sans secours, se vit encore obligé de chercher un refuge dans les forêts sauvages de l'Armorique (la Bretagne), attendant l'occasion de reprendre les armes, pour combattre et châtier de nouveau les envahisseurs et les traîtres.

Sa fin reste ignorée.

Voici d'ailleurs les quelques pages consacrées à Dumnacus par Jules César dans ses *Commentaires* (livre VIII, § XXVI à XXXI); nous les empruntons à la traduction de M. Artaud.

« Le lieutenant C. Caninius, informé par Duratius (toujours fidèle aux Romains, malgré la défection d'une partie de ses Etats) qu'une foule d'ennemis s'étaient rassemblés sur les frontières des Pictons (Poitevins), se dirigea vers la place de Lemonum. Des prisonniers l'instruisirent, durant cette marche, que Duratius se trouvait assiégé dans Lemonum par plusieurs milliers d'hommes, sous la conduite de Dumnacus, chef des Andes. N'osant combattre avec si peu de légions, il choisit une forte position. Dumnacus, à la nouvelle de notre approche, tourna ses forces contre nos légions et vint attaquer notre camp. Mais il perdit beaucoup de temps et de monde à

---

(1) Le territoire des Carnutes embrassait l'Orléanais et le pays chartrain, c'est-à-dire la plus grande partie des départements d'Eure-et-Loir, de Loir-et-Cher et du Loiret.

cette attaque, sans avoir pu faire la moindre brèche à nos retranchements, et retourna au siège de Lemonum.

« Dans le même temps, le lieutenant C. Fabius, alors occupé à recevoir les soumissions et les otages de plusieurs peuples, apprit par les lettres de C. Caninius ce qui se passait chez les Pictons, et partit aussitôt au secours de Duratius. Dumnacus sut à peine son arrivée, que, désespérant de son propre salut, s'il devait à la fois résister aux ennemis du dehors et contenir les assiégés, il se hâta de retirer ses troupes et ne se crut point en sûreté qu'il n'eût passé la Loire, ce qu'il ne pouvait faire qu'au moyen d'un pont, à cause de la largeur du fleuve. Quoique Fabius n'eût pas encore paru devant l'ennemi, ni joint Caninius, cependant, sur le rapport de ceux qui connaissaient le pays, il ne douta point que l'ennemi effrayé ne prît la route qui menait à ce pont. Il s'y dirigea avec ses troupes, et ordonna à la cavalerie de devancer ses légions, de manière pourtant à pouvoir sans fatigue se replier sur le camp. Nos cavaliers, conformément à leurs ordres, s'avancent et joignent l'armée de Dumnacus; ils attaquent, dans sa retraite, l'ennemi frappé de terreur au milieu de ses bagages, lui tuent beaucoup de monde, font un riche butin, et rentrent au camp après ce succès.

« La nuit suivante, Fabius envoie encore sa cavalerie, avec ordre de harceler l'ennemi et de retarder sa marche, tandis que l'armée la suivrait de près. Dans ce dessein, Q. Atius Varus, préfet de la cavalerie, aussi prudent que brave, exhorte sa troupe, atteint l'ennemi, partage ses escadrons, en place une partie dans de bonnes positions, et attaque avec l'autre.

La cavalerie ennemie combat avec audace. Elle était soutenue par ses fantassins, qui avaient fait halte pour lui porter secours. L'action fut très vive. Les nôtres, méprisant un ennemi vaincu dans le combat précédent, sachant que les légions étaient à peu de distance, se sentaient animés par la honte de reculer et par le désir de recueillir seuls toute la gloire ; d'un autre côté, l'ennemi, ne croyant pas avoir à combattre plus de troupes que la veille, pensait avoir trouvé l'occasion de détruire notre cavalerie.

« Durant cette action opiniâtre, Dumnacus met son infanterie en bataille pour soutenir ses escadrons. Tout à coup les légions paraissent en rangs serrés. A cette vue, les barbares sont frappés de terreur, s'embarrassent dans les bagages, s'enfuient çà et là en jetant de grands cris. Notre cavalerie, dont la valeur venait de triompher en partie de la résistance des ennemis, exaltée par le succès, pousse un cri de joie, se jette sur les fuyards et en tue autant que les chevaux ont de force pour les poursuivre, et le bras pour les frapper. Plus de douze mille hommes périrent dans l'action, soit les armes à la main, soit après les avoir jetées ; tout le bagage tomba en notre pouvoir.

« Cinq mille fuyards environ furent recueillis par le Sénonais (1) Drappès, le même qui, à la première révolte des Gaules, avait rassemblé une foule d'hommes perdus, d'esclaves

----

(1) Les Sénonais occupaient une partie de la Champagne (départements de l'Yonne, de la Marne, du Loiret, de Seine-et-Marne et de l'Aube).

à qui il promettait la liberté, de bannis, de brigands (1), avec lesquels il enlevait nos bagages et nos convois. Dès qu'on sut qu'il marchait sur la province (c'est-à-dire sur la partie des Gaules déjà conquise et soumise, de concert avec le Cadurcien (2) Luctérius, qui déjà précédemment avait tenté une invasion semblable, Caninius se mit à leur poursuite avec deux légions, pour éviter la honte de voir des brigands causer à notre province quelque perte ou quelque effroi.

« C. Fabius marcha avec le reste de l'armée contre les Carnutes et autres nations dont il venait d'abattre les forces dans ce dernier combat. Il ne doutait point que leur défaite récente ne les rendît plus soumis, et il prévoyait que, s'il leur laissait le temps de se reconnaître, les instances de Dumnacus pourraient encore les soulever. Sa promptitude fut suivie d'un heureux succès. Les Carnutes, qui, souvent battus, n'avaient jamais parlé de paix, se soumirent et donnèrent des otages. Entraînés par leur exemple, les autres peuples qui habitent à l'extrémité de la Gaule, près de l'Océan, et qu'on nomme Armoriques (les Bretons), déposèrent les armes sans délai à l'arrivée de Fabius et des légions. Dumnacus, chassé de son territoire, errant, réduit à se cacher, fut forcé de se sauver seul au fond de la Gaule. »

---

(1) Pour Jules César, les patriotes qui combattaient ses légions ne pouvaient être que des barbares et des brigands.

(2) Les Cadurciens habitaient sur les rives du Lot et de la Dordogne, dans l'ancien Quercy (département du Lot).

XX.

LES ANIMAUX.

Le corail.

Comment! vont certainement s'écrier quelques-uns de mes jeunes lecteurs, le corail est un animal!

Eh! oui, mes amis, un véritable animal; et c'est avec l'enveloppe durcie du corps de cet animal que l'on fait les jolis colliers et les élégants bracelets dont se parent mes gentilles lectrices. Toutefois, les naturalistes ont mis bien du temps à déterminer la véritable nature de cet être fort rudimentaire et imparfait.

En effet, le corail appartient à cette classe de productions marines qui, paraissant emprunter quelque caractère à chacun des trois règnes — animal, végétal et minéral — ont laissé fort longtemps les naturalistes incertains sur leur véritable nature.

Ainsi que nous l'allons voir tout à l'heure, on le considère aujourd'hui comme la tige pierreuse d'un animal rayonné appartenant à l'ordre des *polypes à polypiers*. Il est vrai que les polypes forment, avec les échinodermes et peut-être les spongiaires, un des derniers embranchements dans la classification actuelle du règne animal. Ce sont « des animaux à corps mou, gélatineux, nettement rayonné; leurs tissus peuvent être envahis par un dépôt calcaire dont la masse, souvent ramifiée, constitue ce que l'on nomme le *polypier*.... Les polypes vivent isolés ou agrégés. Ils sont surtout abondants dans les mers chaudes et profondes. Ceux qui possèdent des polypiers y ont formé et y forment encore des roches, des récifs et même des îles. »

Ce sont principalement les madrépores qui produisent ces récifs. Comme le corail, les madrépores forment un genre des *polypes à polypiers pierreux* et appartiennent à l'ordre des zoanthaires. Ce sont, en effet, « ces polypiers, de nature entièrement calcaire, de forme tantôt arborescente, tantôt lamelleuse ou foliacée, qui constituent les dépôts énormes connus dans la mer Rouge, dans la mer des Indes, au nord de l'Australie et dans le golfe du Mexique, sous le nom d'*îles* ou *récifs madréporiques*, bien qu'en réalité les madrépores ne soient pas les seuls polypiers pierreux qui donnent lieu à leur formation.... »

Le corail — genre, comme nous l'avons vu, des polypes à polypiers — appartient au groupe des gorgonidées. Il ne se compose que d'une seule espèce, le *corail rouge*, propre à la Méditerranée, et dans lequel, dit M. N. Bouillet, « on remarque deux parties distinctes : 1° un axe central, calcaire, dur, cassant, formé d'un noyau solide recouvert d'une couche de vaisseaux longitudinaux, et par-dessus d'une couche de vaisseaux réticulés, affectant enfin une forme arborescente;

Coraux.

c'est le polypier ou corail employé en bijouterie; ce corail est rouge à l'état normal, blanc, rose ou noir, par suite de maladie ou d'altération; 2° une écorce molle, charnue, vivante, qui recouvre le polypier; c'est le *sarcosome*, être à la fois un et multiple, composé de petits polypes à huit bras empâtés dans un ciment vivant, en sorte que la limite de chacun de ces petits êtres est confuse et que ses fonctions profitent à la masse générale et à chacun des autres en particulier.

« Un seul rameau de corail porte un nombre considérable d'individus qui apparaissent à sa surface comme autant de petites fleurs blanches, plus ou moins transparentes, suivant qu'ils sont sortis ou rentrés dans la partie corticale. Le corail a été employé dès la plus haute antiquité comme objet de parure; mais sa véritable constitution n'a été connue que de nos jours. Longtemps rangé parmi les minéraux, il fut placé dans le règne végétal au siècle dernier, à la suite d'un débat célèbre de l'Académie des sciences, auquel prirent part Jussieu, Réaumur, Guettard et Marsigli. Presque aussitôt après, en 1756, A. Peyssonnel, médecin de Marseille, prouvait que le corail était un animal; mais plus d'un siècle devait encore s'écouler avant que M. Lacaze-Duthiers, en 1862, le fît entièrement connaître. »

La tige du corail (le rameau dont il vient d'être parlé plus haut) a l'aspect d'un arbrisseau sans feuilles, croissant indistinctement dans tous les sens, et fixé aux rochers qui se trouvent sous la mer; elle est enveloppée d'une écorce molle et gélatineuse, dans laquelle vivent une multitude de polypes qui se meuvent autour de cet axe solide.

On trouve le corail dans la mer Rouge et dans la Méditerranée, et l'on a cru qu'il s'y propageait à l'aide d'œufs qui se fixaient au fond de la mer et s'y développaient; mais il est démontré qu'il se multiplie par des bourgeons qui se détachent de la tige et croissent partout où ils trouvent un appui : en sorte qu'on pourrait multiplier le corail avec avantage en le divisant, pour en semer les débris dans la mer. Son accroissement est rapide, et quelquefois il atteint une hauteur de seize à dix-huit pouces. On en fait la pêche principalement à l'entrée de la mer Adriatique et sur les côtes de l'Espagne et de l'Algérie. Cette pêche est faite surtout par les Espagnols et les Italiens.

Le corail se fixant et se développant au-dessous des rochers, « la manœuvre consiste à gratter la roche et à ramener ses débris avec un filet nommé *salabre* ou *faubert*. Par le traité de 1832, le bey de Tunis a abandonné à la France la pêche du corail sur toutes les côtes de la Régence, moyennant une redevance de 13,000 piastres. »

La pêche du corail dure tout l'été et se pratique souvent sur des bateaux, à l'aide de bâtons garnis d'étoupes que l'on traîne au fond de la mer avec un boulet; derrière se trouve le *faubert*, filet à larges mailles, où le corail tombe à mesure qu'il est détaché. A peu près faite au hasard, cette pêche est souvent infructueuse, et d'autres fois elle produit abondamment. Le plus souvent les coraillers plongent à des profondeurs de cinquante ou soixante pieds pour ramasser ce que leurs filets n'ont pu saisir. C'est à Marseille que se fait presque tout le commerce du corail. On le dépouille de son enveloppe pendant qu'elle est fraîche; sa couleur alors varie du jaune au rouge, et il est d'autant plus estimé que cette couleur rouge est plus vive. Considéré sous le point de vue chimique, le corail est presque en entier du carbonate de chaux coloré par un peu d'oxyde rouge de fer; il contient par suite du carbonate de fer, particularité qui explique l'usage que l'ancienne médecine en faisait comme tonique.

La grande dureté du corail et la précieuse finesse de sa pâte le rendent susceptible d'un poli très brillant. En France, il a perdu beaucoup de sa valeur; mais il est très estimé en Orient pour faire les chapelets des pèlerins et décorer les armes des guerriers. Il sied très bien aux Orientales, qui savent l'employer dans leur parure.

Une autre variété de corail, le corail *noir*, employé, lui aussi, dans la parure, mais moins connu que le corail *rouge*, est fourni par les *antipathes*, animaux qui forment un ordre de la classe des polypes coralliaires caractérisé par six tentacules simples autour de la bouche. Les *antipathes* ont une grande analogie avec les *gorgones* ou arbres de mer; ils fournissent plusieurs variétés de corail noir.

XXI.

ANECDOTES ET FAITS DIVERS.

Un trou à la terre.

Un original de la République Argentine (il nous permettra de le qualifier ainsi, car sa proposition est certainement originale), disait la *Revue scientifique* en 1886, M. S. Martinez, vient de lancer un appel, qui est même un second appel, dans le but de susciter un congrès scientifique pour creuser un puits d'observation destiné à rechercher ce qu'il y a au centre de la terre.

M. Martinez pense que la réalisation de ce projet aurait de grands avantages scientifiques, et que son exécution ne coûterait que de 15 à 20 millions de francs par an, soit *quatre centimes et demi* par habitant de la terre. Au prorata de ses habitants, la France aurait 555,000 fr. à payer chaque année. Ce serait d'ailleurs un projet tout à fait désintéressé de la part des générations actuelles, qui seraient bien loin de pouvoir compter sur un voyage de plaisir, aller et retour, au centre de la terre; car il ne faut pas oublier que le puits aurait *six mille quatre cents kilomètres* de profondeur.

Après tout, bien avant d'arriver au centre de la terre, à des profondeurs très abordables, on aurait peut-être déjà nombre de surprises; car il faut avouer que nous ne connaissons rien au delà de l'épiderme de notre globe : *a priori*, le projet de M. Martinez n'est donc pas à rejeter et mériterait examen.

XXII.

QUELQUES ESQUISSES DE PORTS DE MER.

Saujon et Ribérou.

Saujon, chef-lieu de canton du département de la Charente-Inférieure, est située sur la Seudre, dans l'arrondissement de Saintes, à vingt-six kilomètres de cette ville et à trente et un de Rochefort. C'est une petite localité très industrieuse et commerçante, d'environ trois mille habitants, qui possède des halles, de grandes rues et des maisons bien bâties. Chaque mois, s'y tient une foire de bestiaux fort importante. Saujon est toujours, comme autrefois, reliée par une belle route à Saintes et à Royan; mais aujourd'hui le chemin de fer lui offre en outre un moyen de communication plus rapide avec ces mêmes villes et la met de plus en relation avec Bordeaux, Paris et Nantes.

Cette petite ville commerce surtout avec Bordeaux et lui envoie les principales productions de sa banlieue et de ses environs, qui consistent en grains, eaux-de-vie, vins, bois, fourrages et sel, et la vieille métropole de l'Aquitaine lui expédie en échange ses vins renommés.

L'industrie est représentée à Saujon par de nombreuses fabriques de toiles et d'étoffes de laine.

M. Gautier, dans sa *Statistique de la Charente-Inférieure*, attribue à Saujon une origine fort ancienne. « Saujon, dit-il, qui tire l'étymologie de son nom de *sau* et *on*, mots celtiques désignant l'eau, a été autrefois une ville forte que Charlemagne donna à garder à Taillefer de Léon, comte d'Angoulême. Cette terre a appartenu aux anciens seigneurs de Mortagne; car on trouve dans de vieux titres que Jean de la Personne, comme époux de dame Marguerite de Mortagne, rendit hommage de la seigneurie de Saujon, en 1364, au prince de Galles, duc d'Aquitaine. »

D'un autre côté, M. Massiou, dans son *Histoire de la Saintonge et de l'Aunis*, introduit Saujon sur la scène du monde à dater seulement de 1475, et de la façon suivante : « Le moyen odieux dont le roi Louis (1) s'était servi pour recouvrer la pos-

---

(1) On accusa Louis XI d'avoir fait empoisonner son frère Charles de Valois, duc de Guyenne, afin de s'emparer de son duché. Charles de Valois était mort à Bordeaux, en 1472, à l'âge de vingt-six ans.

session du duché de Guyenne avait fait une impression
fâcheuse sur l'esprit des hommes de cette contrée, sans
distinction de naissance ni de rang. Jugeant qu'il importait
à sa politique de s'attacher les anciens vassaux de son frère,
il n'épargna rien pour y parvenir, et répandit bientôt ses
faveurs sur les villes et les châteaux du Midi, où la mort
déplorable du jeune prince avait gravé son souvenir dans les
cœurs.

« Olivier de Coëtivy, seigneur de Taillebourg et de Saujon,
capitaine de la ville et du pont de Saintes, l'un des hommes
les plus influents du pays, et, de plus, ancien serviteur de
Charles VII, devait avoir part le premier aux libéralités du
roi, particulièrement intéressé à le ménager. Prenant en con-
sidération que « audit lieu de Saujon est une belle et ancienne
« châtellenie, assise au pays et comté de Saintonge, sur la
« rive de Seudre, entre les rivières de Gironde et de Charente,
« à deux lieues de la mer, et où y refoule ladite mer deux fois
« le jour, soulait anciennement avoir ville close de murailles,
« forte et défensable, mais qu'elle fut jà pièça démolie et abat-
« tue par les Anglais. » Louis XI, par des lettres données à
Amiens, au mois de mai 1475, permit à son amé et féal chevalier de Coëtivy « de faire reclore et fortifier sa ville, et aussi
« de faire faire en icelle ou ailleurs, en ladite châtellenie, un
« châtel et place forte pour soi loger et retraire. »

Saujon avait donc eu fréquemment à souffrir du séjour des
Anglais en France pendant la guerre de Cent ans. La ville et
le château ne furent pas plus épargnés pendant les guerres de

religion. Ils furent fréquemment pris et repris par les catholiques et les protestants. En 1568, raconte M. H. d'Aussy, on trouve Blaise de Montluc, lieutenant général de Charles IX en Guyenne, marchant en Saintonge contre le prince de Condé. Les Rochelais, devenus protestants, avaient pris les armes en faveur de leurs coreligionnaires, et ils avaient confié la défense de ce qu'on appelait alors *les îles de Marennes* à un vieux capitaine, nommé Goulènes, plein de courage et d'expérience. A l'entrée d'étroites chaussées, il avait établi des retranchements, d'où il pouvait résister avec avantage à l'armée catholique; mais les *argolets* (éclaireurs) de Pons et les hommes de Sablonceaux, emportés par l'ardeur de combattre, renouvelèrent la faute qui fit perdre la bataille d'Hastings aux Saxons, en 1066, et celle de Tewskesbury aux soldats de Henri VI, en 1471; ils sortirent en foule de leurs retranchements pour aller attaquer l'ennemi. Goulènes, voyant ses hommes en danger d'être enveloppés par les catholiques, se précipita au-devant d'eux pour les arrêter et les ramener, en leur reprochant leur imprudence; mais ils lui répondirent en l'accusant de *couardise*. Alors le vieux capitaine, n'écoutant plus que sa valeur, se précipite sur l'ennemi, qui a sur lui le redoutable avantage du nombre et du terrain. Les argolets s'enfuirent les premiers, et le reste se débanda dans le plus grand désordre. Aucun d'eux ne put rentrer dans les retranchements, dont les catholiques avaient intercepté la route. Plus de huit cents calvinistes furent tués, et au nombre des morts se trouvèrent le brave capitaine Goulènes et presque tous ses lieutenants. Madaillon, commandant en second, qui venait de remporter cette victoire éclatante, s'empara aisément de toutes les places de Saintonge et d'Aunis, à l'exception de la Rochelle, ce formidable boulevard des calvinistes, où se concentraient leurs forces, et qu'un roi de France allait bientôt assiéger à la tête d'une nombreuse armée.

En 1577, Saujon appartenait aux catholiques, et le duc de Mayenne y séjourna en allant assiéger Brouage. Pendant ce dernier siège, le baron huguenot Campet de Saujon faillit reprendre son château par un hardi coup de main, mais il n'en rentra en possession qu'un peu plus tard.

« Le château de Saujon fut égayé, en 1600, par l'apparition d'un vieux baron de Beauvoir, qui, don Quichotte de la noblesse, se mit en route pour aller inculquer aux gentilshommes, ses voisins, les vrais principes du baronnage, et qui ne fut, dans ses courses aventureuses, qu'un type de mystification, conséquence naturelle de ses burlesques extravagances. »

Les barons Campet de Saujon, sortis d'une famille originaire de Mont-de-Marsan, furent de puissants et hardis *capitaines d'aventures*. Ils avaient embrassé avec ardeur le protestantisme. Mais leur décadence politique les rendit bientôt, au XVIIᵉ siècle, de simples gentilshommes, après avoir été des seigneurs redoutables cinq cents ans auparavant. Leur ruine fut si complète, qu'ils durent céder leur fief au cardinal de Richelieu, qui avait réparé le château en y ajoutant quatre gros pavillons ; mais ceux-ci ont disparu avec le reste de l'édifice, entièrement démoli. « Il est à remarquer que, dans la cession faite du château de Saujon, l'ancien seigneur se réservait le droit, pour lui et les siens, d'en porter le nom, ce qui a eu lieu, en effet, jusqu'à l'extinction de cette famille, dont il ne reste plus un seul descendant en ligne masculine. »

Le bourg et le port de Riberou étaient autrefois séparés de Saujon par une chaussée de trois cent quatre-vingt-dix mètres de longueur, appelée le *Dalon*. Des maisons ont été construites surtout sur le côté sud de la chaussée (le côté nord étant occupé par des allées de platanes qui forment une fort agréable promenade), et maintenant Riberou est devenu un véritable faubourg de Saujon.

C'est de Riberou, autant que de Royan, que sont expédiées dans tous les départements voisins les petites sardines communément désignées sous le nom de *royans*. « Des femmes, au nombre de soixante, organisées en compagnie régie par un règlement sanctionné par l'administration supérieure, sont préposées à la manipulation et au comptage des sardines fraîches qu'apportent les chasse-marées bretons.

« Ce commerce est indépendant du grand nombre d'expéditions que nécessitent les opérations du grand et du petit cabotage sur les vins, les eaux-de-vie, les sels, etc....

« La marée, qui remonte jusqu'au port de Riberou, y rend la Seudre navigable. Ce port, placé dans la plus heureuse position, entretient un commerce considérable sur le poisson frais et salé, les huîtres, les moules et autres espèces de coquillages, qui met en activité l'industrie de plusieurs milliers d'individus de tout sexe et de tout âge. Il n'y a pas jusqu'à l'herbe du sarclage des grains dans les champs, pendant trois mois de l'année, qui ne soit pour la classe indigente un objet de produit, en exposant en vente journellement des bottes d'herbe fraîche pour la nourriture des chevaux des voituriers colporteurs. » (*Statistique du département de la Charente-Inférieure*, par M. A. Gautier.)

D'immenses travaux, ajoute de son côté M. H. d'Aussy, ont été exécutés par le gouvernement pour faciliter la navigation de la Seudre jusqu'à l'Eguille, à une distance de huit kilomètres. Le cours de la rivière a été élargi et même redressé en plusieurs endroits; les vases amoncelées ont été enlevées avec le même soin que dans une pièce d'eau au milieu d'un jardin; la Seudre n'est plus maintenant qu'un large et magnifique canal apportant au port de Riberou, qui touche à Saujon, tous les produits susceptibles d'alimenter un grand commerce, et les exportations, sur la même rivière, ne sont pas moins considérables. Les travaux exécutés ont duré plusieurs années pour métamorphoser la capitale des barons de Saujon en une cité qui réunit probablement plus de capitaux et fait plus d'affaires commerciales que n'en faisait la Saintonge tout entière au temps où les *argolets* de Pons et les gens de Saujon poussèrent au combat le capitaine Goulènes, sans vouloir suivre le noble exemple qu'il leur donna de mourir au poste de l'honneur.

XXIII.

VARIÉTÉS.

Les volcans.

Tous nos jeunes lecteurs savent sans doute qu'un volcan est une montagne d'où s'échappent par intervalles des fumées épaisses ou des gaz enflammés, des pierres ou des laves incandescentes. Rappelons-leur cependant avec M. Bouillet que « la forme des montagnes volcaniques est généralement celle d'un cône plus ou moins abrupt (*cône de soulèvement*). Ce cône est tronqué au sommet et présente une cavité profonde ordinairement échancrée d'un côté; c'est le *cratère de soulèvement*. Enfin, dans ce cratère s'élèvent un ou plusieurs cônes plus petits, du sommet desquels s'élancent les pierres et les laves; ce sont les *cônes* et les *cratères d'éruption*. C'est à cause de cette forme, et aussi à cause des matières qui tapissent leurs flancs, qu'on regarde comme volcaniques des montagnes qui, depuis les temps historiques, n'ont donné aucun signe d'activité : tels sont les *volcans éteints* du Vivarais, du Velay et de l'Auvergne.

« Lorsqu'une éruption se prépare, elle s'annonce d'abord par des tremblements de terre plus ou moins violents, plus ou moins prolongés, puis le volcan lance des fumées abondantes. A la suite viennent des cendres, des fragments de ponce incandescente et des globes de matière fondue qui s'élèvent à de grandes hauteurs (*bombes volcaniques*). L'an 79, les villes d'Herculanum, de Pompéi et de Stabies furent ensevelies sous les scories lancées par le Vésuve, et des nuages de cendre furent transportés jusqu'en Crète. Quelquefois l'éruption se borne aux phénomènes qui précèdent; mais le plus souvent les *laves* montent à leur tour au sommet du cratère, puis s'épanchent sur les flancs de la montagne en torrents de feu qui portent partout la dévastation.... »

Parmi les volcans proprement dits, les plus célèbres sont : en Europe, le Vésuve, l'Etna, l'Hécla, le Stromboli, le volcan de Santorin; dans les mers d'Afrique, le Pic de Ténériffe et le Pic des Açores; en Asie, le Kamchatraja et l'Avatcha au Kamtchatka, et le Gallung-Gung à Java; en Amérique, le Popocatepexi; le Pic d'Orizaba et le Jorullo au Mexique; le Solfatore à la Guadeloupe; le Chimboraço, le Cotopaxi, l'Antisana, le Pichincha, le Caxamarca, dans les Andes; en Océanie, enfin, le Tomboro, dans la Malaisie.

Le Vésuve, situé en Italie, à dix kilomètres de Naples, qui a fait tant de bruit dans le monde depuis dix-huit cents ans, passait, jusqu'à l'an 79 de notre ère, pour la plus calme des montagnes. Cependant, comme nous l'avons vu plus haut, sa première éruption causa la destruction de trois villes florissantes de l'empire romain. Les Romains, écrivait naguère un publiciste fort connu, savaient que jadis, dans les temps

Naples et le Vésuve.

préhistoriques, il y avait eu là un volcan ; mais ces souvenirs remontaient si loin, qu'ils étaient presque oubliés. Les versants du Vésuve étaient, à cette époque, couverts d'arbres et présentaient le plus charmant aspect. Partout une riante végétation ; partout des fleurs et des fruits. Au pied de la montagne, sans parler de nombreux villages, il y avait deux villes, Pompéi et Herculanum, où les gens riches venaient prendre des bains de mer et s'installer en villégiature. Sur les fertiles coteaux, on admirait des vignes couvertes de grappes, qui fournissaient un vin généreux.

Tout ce magnifique panorama fut modifié en quelques heures par la terrible éruption qui coûta la vie à la plupart des habitants, et où trouva la mort Pline l'Ancien, un des plus grands écrivains de l'antiquité.

Il commandait la flotte romaine, à l'ancre dans la baie de Misène, et, emporté par son ardeur pour la science, il voulut voir de près le phénomène et débarqua sur le rivage, où il fut asphyxié par les cendres brûlantes.

Cette éruption de l'an 79 fut accompagnée, en effet, d'une série de cataclysmes plus effrayants les uns que les autres.

Une pluie de cendres incandescentes voilait le ciel. On semblait être dans un nuage de feu ; en même temps, un *raz de marée*, produit sans doute par des explosions sous-marines, élevait le niveau de la mer qui envahissait Pompéi.

Aujourd'hui encore on trouve la preuve de ces faits dans les fouilles qui ont lieu continuellement et qui amènent la découverte de vases pleins d'une sorte de boue séchée ; c'est le mélange de la mer et de la cendre qui avait rempli jusqu'aux bouteilles.

L'enfouissement de Pompéi a dû être assez rapide, puisqu'on trouve les cadavres conservés ainsi à travers les siècles, et livrant à notre curiosité l'aspect d'hommes et de femmes séparés de nous par tant d'années.

Parmi ces corps, un des mieux conservés est celui d'un chevalier romain dont la qualité se reconnaît à l'anneau d'or qu'il portait au doigt. C'était probablement un homme infirme qui ne pouvait pas marcher. Le toit de sa maison s'était écroulé sur lui ; il avait levé les bras et les genoux pour se protéger dans le lit sur lequel il était étendu. C'est dans cette situation qu'on l'a retrouvé vers 1860.

Au commencement de mai 1885, le Vésuve eut une nouvelle éruption, mais qui, fort heureusement, ne causa aucun désastre. Comme toujours, on avait été averti de cette éruption par de nombreux indices : des bruits souterrains, analogues au roulement de batteries d'artillerie défilant au trot, attirent d'abord l'attention ; puis, des trépidations ébranlent le sol ; tous les animaux s'agitent, avertis par leur instinct qu'un cataclysme de la nature est imminent. Le phénomène éclate tout à coup.

Il se manifeste au début par une énorme quantité de vapeur d'eau qui s'élève en colonne comme une trombe ; cette vapeur ne tarde pas à être remplacée par une matière solide, mélange de terre et de pierres que chasse l'explosion : on dirait une gigantesque gerbe noire ; enfin, une lueur sinistre rougit le ciel : c'est la lave, pareille à de la fonte en fusion, qui se déverse, comme un fleuve de feu, sur le flanc de la montagne.

L'éruption de 1885 menaçait la petite ville de Torre del Greco, située au bas du Vésuve ; mais, comme nous venons de le dire il y a un instant, cette localité n'eut point cette fois à souffrir de l'apparition de ce phénomène grandiose. Chose curieuse, cette ville, détruite périodiquement par les éruptions de son remarquable mais fort incommode voisin, est sans cesse reconstruite à la même place par ses habitants.

La dernière fois que Torre del Greco fut atteinte par le fléau, ajoute le publiciste déjà cité, « un véritable fleuve de feu, ayant trois cents mètres de large, passa sur ses maisons. On supposait que nul ne reviendrait poser sa tente à cette place. C'était mal connaître l'insouciance des Napolitains : Torre del Greco est sortie encore une fois de ses ruines ; et quand un nouveau sinistre surviendra, on se sauvera encore, quitte à recommencer.

« Pour expliquer cette passion du danger, il faut reconnaître que la situation de cette petite ville est charmante : une vue admirable sur le plus beau golfe de l'univers, en face de Naples, dans un climat radieux, motive l'amour des habitants ; en outre, leurs maisons ne sont pas des palais, et on peut les rebâtir à peu de frais....

« Sur le passage de la lave, tout est calciné ou détruit : aucun obstacle ne l'arrête. Dans une éruption formidable de l'Etna, en Sicile, la lave, étant arrivée au pied des fortifications de la ville de Catane, combla les fossés, puis s'éleva lentement jusqu'à la crête des murs et déborda brusquement comme l'eau d'un vase trop plein.

« Ce qui permet heureusement de se sauver, c'est la lenteur relative de la marche du fléau : la lave coule doucement ; si on n'est pas surpris pendant le sommeil, on a le temps de fuir. En outre, sous l'action réfrigérante de l'air extérieur, la coulée de lave se recouvre très rapidement d'une croûte brune qui ne tarde pas à se refroidir.

« On a vu des gens dont la maison avait été entourée, et qui

Éruption du Vésuve.

réussissaient à s'évader en marchant, sans se brûler, sur cette croûte au-dessous de laquelle existait une température de plusieurs centaines de degrés.

« Souvent un volcan, silencieux depuis plusieurs siècles et

qui semblait éteint, se ranime ; d'autres fois, au contraire, le cratère se remplit d'eau et devient un petit lac, dont on ne réussit pas à trouver le fond. Dans ces lacs, placés ainsi au sommet des montagnes, il existe des poissons, dont la présence est, par parenthèse, difficile à expliquer. D'où ont-ils pu venir ?

« Au sommet du Vésuve est installé un Observatoire, établi près du cône par le docteur Palmieri ; on y a placé des instruments de physique qui indiquent avec précision les approches des éruptions ; ce n'est pas là une des moindres victoires de l'homme sur la nature. Quand on voit une petite aiguille, comme celle d'un baromètre, indiquant que la lave entre en ébullition, on sent la suprématie de l'esprit sur la matière brutale. Relié à Naples par un fil télégraphique, le docteur Palmieri prévient à l'avance du danger qui approche ; sa science est mise au service de l'humanité. »

XXIV.

LES DÉVOUEMENTS.

Le sauveteur Delannoy.

M. Gaston Boissier, alors directeur de l'Académie française, a lu, en cette qualité, au mois de novembre 1887, en séance solennelle de l'illustre assemblée, le rapport annuel sur les prix de vertu. De ce long défilé de dévouements admirables, nous détachons la notice consacrée à l'un des plus dignes d'admiration, à toutes les belles actions accomplies par le sauveteur Delannoy.

L'Académie, dit M. Gaston Boissier, décerne sa plus haute récompense à un marin de Calais, Jean-Adolphe Delannoy, pour toute une vie de dévouement et de courage. Fils d'un pilote, destiné dès l'enfance à succéder à son père, Delannoy prit la mer à dix ans, et l'on peut dire qu'il ne l'a plus guère quittée. Embarqué d'abord sur un bateau pêcheur, puis sur un navire de l'Etat, il se fit une si belle réputation d'audace et d'intrépidité, qu'on n'hésitait pas à lui confier les tâches les plus difficiles.

Vous allez juger : l'administration voulut un jour faire connaître aux populations du littoral un nouveau canot de sauvetage qu'on jugeait meilleur que les autres. Pour leur en montrer les qualités d'une manière frappante, elle eut l'idée de leur donner le spectacle d'un naufrage.

Depuis Calais jusqu'à Lorient, le canot s'arrêta successivement dans chaque port ; là, devant la foule assemblée, on le faisait chavirer, tourner sur lui-même, puis reprendre sa position normale ; mais afin de frapper davantage les spectateurs, on imagina de laisser un matelot accroché à l'un des bancs du bateau, en sorte qu'il devait à chaque fois être englouti par la mer et reparaître un moment après.

Delannoy fut chargé de cette mission de confiance, et s'en tira tout à fait à son honneur ; c'est ainsi qu'il fit une connaissance intime avec ce canot de sauvetage dont il a su, dans la suite, si bien se servir.

A vingt-cinq ans, il avait déjà reçu plusieurs distinctions honorables pour des actions d'éclat ; mais voici ce qui le mit tout à fait en lumière. Le 17 janvier 1867, un vaisseau qui allait de Vannes à Anvers fut jeté sur la côte et presque submergé par les flots. L'équipage eut à peine le temps de s'accrocher aux mâts et de faire des signaux de détresse.

Par malheur, la mer était affreuse, et il ne paraissait pas possible d'aller au secours des naufragés avant qu'elle eût cessé de monter. On attendait donc dans une anxiété fiévreuse, les yeux fixés sur ce navire qui pouvait périr d'un moment à l'autre.

Le hasard voulut qu'il se trouvât dans le port un paquebot anglais, dont les matelots n'eurent pas la patience de supporter cette pénible attente. Douze d'entre eux, sans calculer le danger, s'emparent du canot de sauvetage et sortent du port. Leur entreprise ne fut pas heureuse; à peine sont-ils hors des jetées, que le canot chavire; sept se noient, et l'on a grand'peine à sauver les cinq autres.

Leur catastrophe va-t-elle décourager les marins français? Au contraire, le patriotisme se joint à l'humanité pour les exciter à tenter l'aventure; les Anglais ont donné l'exemple dans cette lutte d'audace et d'héroïsme, il serait honteux d'être vaincus.

Delannoy se présente avec six de ses camarades. Toutes les chances leur sont contraires; le canot de sauvetage est hors de service, il faut se contenter d'une barque ordinaire; on la cale du mieux qu'on peut, et l'on part, aux acclamations d'une foule immense réunie sur la plage.

La lutte contre le vent et la mer fut terrible. Enfin, la barque approche du navire naufragé; mais, hélas! au moment où elle y touche, une vague emporte le mât de misaine avec la grappe humaine qui s'y tenait accrochée. Il ne reste plus de tout l'équipage que deux matelots qui se tiennent encore au grand mât ; après avoir risqué vingt fois sa vie, Delannoy les recueille et rentre avec ses compagnons exténués de fatigue et de froid.

Les exploits de ce genre, il les a renouvelés vingt et une fois de suite ; il a sauvé des équipages français, danois, anglais, norvégiens, allemands ; il a reçu toutes les attestations, tous les diplômes, toutes les récompenses possibles ; il est couvert de toutes sortes de médailles de bronze, d'argent et d'or ; enfin, en 1875, il a été décoré de la Légion d'honneur, sur la proposition du ministre de la marine.

Tout le monde doit être fier de porter la croix d'honneur, mais ne trouvez-vous pas qu'elle paraît avoir un éclat particulier sur la poitrine d'un matelot ?

La principale qualité de Delannoy, tout le monde l'atteste, c'est le calme, la résolution, le sang-froid ; dans les moments les plus périlleux, il est maître de lui et trouve moyen de se tirer d'affaire où d'autres seraient restés.

On nous raconte pourtant qu'une fois il a perdu la tête. Il allait s'embarquer, lorsqu'il s'aperçoit qu'à quelque distance un enfant vient de tomber à la mer ; il s'y jette à sa suite et le ramène sur l'eau, évanoui, inanimé ; il le regarde alors : c'était son fils, un enfant de huit ans, qui était venu sur le rivage pour embrasser son père au retour de l'école.

A cette vue, ses yeux se troublent, les forces l'abandonnent, le cœur lui manque, et, sans le secours de quelques amis, il se noyait avec son précieux fardeau. C'est ainsi que ce sauveteur a eu besoin d'être sauvé.

Vous voyez comme il aime les siens. Cet homme de mer, ce rude matelot, est un père de famille modèle. Il passe ses rares moments de loisir à son foyer, entre sa mère, sa femme et ses dix enfants. Sobre, simple, timide même, quand il n'est pas en face du danger, il n'aime pas qu'on le loue. Il ne raconte jamais lui-même ses belles actions, ce qui est presque aussi héroïque que de les faire. Ses camarades le respectent, ses rivaux l'aiment, la ville est fière de lui, et tous ses compatriotes se croiront couronnés en sa personne.

FIN.

'LES

RÉCITS D'UN VIEUX CAPITAINE.

Au commencement d'août de l'année dernière, Gustave était bien le petit garçon le plus affairé de Paris. Et il y avait de quoi, vous allez le reconnaître.

Gustave avait onze ans, n'était jamais encore sorti de la capitale et se préparait à faire tout seul un grand voyage en Touraine.

Ses parents, établis commerçants dans le quartier du Marais, ne pouvaient en effet s'absenter de leur magasin. Mais, comme il avait bien travaillé et remporté plusieurs prix à l'école, l'oncle Jean — vieux capitaine retraité qui vivait à la campagne auprès de Tours — avait aisément obtenu que ce bon petit élève vînt passer la plus grande partie des vacances avec lui sur les bords de la Loire.

Sortir de Paris, voyager seul comme un homme, aller visiter des pays nouveaux, passer plusieurs semaines auprès d'un oncle qu'il ne connaissait pas encore, mais qui devait être affectueux et bon, à en juger par les cadeaux qu'il lui envoyait de temps en temps, c'était déjà suffisant pour expliquer l'affairement du jeune garçon.

L'émoi de Gustave avait pourtant encore une autre cause. En effet, il avait souvent entendu répéter chez lui que l'oncle Jean était un *héros*, plusieurs fois cité à l'ordre du jour de l'armée, qui avait gagné ses grades et ses décorations à la pointe de l'épée, à force d'intrépidité, de courage et de blessures, sur les champs de bataille de l'année terrible, et la perspective de vivre durant plusieurs semaines côte à côte avec un *héros* lui causait une vive appréhension et une grande émotion.

Pour le jeune écolier, un héros était un être extraordinaire qui ne devait pas vivre comme tout le monde. Son imagination lui représentait sans cesse les héros de l'antiquité, Hercule, Thésée, etc., et tous ces demi-dieux légendaires de l'ancienne Grèce dont il venait d'apprendre à l'école les action fabuleuses. Son oncle était-il donc semblable à eux?...

Dès son arrivée en Touraine, Gustave s'aperçut bien vite que l'oncle Jean n'avait, du moins extérieurement, aucune des qualités que les poètes se sont plu à prêter à ces héros mytho- logiques. Il fut reçu par un petit homme maigre, sec, à la figure gaie, portant à la boutonnière la rosette de la Légion d'honneur, qui l'embrassa le plus affectueusement, mais aussi le plus prosaïquement du monde.

Alors pourquoi ses parents appelaient-ils l'oncle Jean un *héros?*...

Dès le lendemain de son arrivée, Gustave, encouragé par l'accueil cordial et la bonhomie du vieux capitaine, ne put s'empêcher de lui demander une explication à ce sujet.

Celui-ci sourit doucement en se mordant la moustache et dit au jeune garçon que, dans notre langue moderne, la signification du mot *héros* s'était généralisée. Il lui expliqua que le même terme servait maintenant à désigner, d'abord ces êtres légendaires qu'a rendus immortels l'imagination dorée des poètes grecs; puis tous les grands capitaines et conquérants de l'antiquité et des temps modernes, tous ceux qui ont fait preuve d'une valeur extraordinaire et ont remporté des succès éclatants à la guerre; enfin tout homme qui se distingue par la force du caractère, la grandeur d'âme, une haute vertu, des actes de courage et de dévouement.

— C'est sans doute parmi ces derniers que me place ton père, mon garçon, dit le capitaine avec un gros rire bon enfant. Le fait est que j'ai agi du mieux que j'ai pu en 1870 pour combattre l'étranger qui avait envahi le sol de la patrie. Mais je n'ai pas grand mérite à cela. Bien d'autres ont fait comme moi, et tous ensemble nous n'avons accompli que notre devoir, qui nous commandait de nous dévouer et de nous sacrifier au besoin pour le salut de la patrie. Nous avons été et nous sommes encore bien malheureux, va, de n'avoir pas mieux réussi. Tu comprendras cela plus tard, mon garçon. (Et le capitaine essuya d'un rapide revers de main une larme qui perlait entre ses cils.) Oui, tu le comprendras plus tard, car j'espère bien que tu sauras faire ton devoir, tout ton devoir, et que toi aussi tu seras un *héros* pour la défense de la patrie.

— Oh! oui, mon oncle, répondit Gustave, je ferai mon devoir de soldat le mieux que je pourrai.

— Et tu verras que ce n'est pas difficile. Il suffit pour cela de s'habituer de bonne heure à l'idée et au sentiment du *devoir*. Tu le possèdes déjà, ce sentiment, mon garçon; les prix que tu as remportés, les bonnes notes que tu obtiens, me prouvent que tu sais dès maintenant remplir convenablement ton devoir d'écolier. Tu sais sans doute que le *devoir* est « ce qu'on doit faire, ce à quoi l'on est obligé par la loi ou par la morale, par son état ou les bienséances. » Tu comprends donc que chacun de nous a constamment, pendant toute sa vie et dans quelque situation qu'il se trouve, des *devoirs* à remplir, soit envers sa patrie, ses parents, ses semblables. Et il n'est pas toujours agréable ni commode de faire son devoir jusqu'au bout, sans broncher ni fléchir. Il faut donc t'habituer de bonne heure à ne jamais hésiter à cet égard.

— Cependant, mon oncle, est-on toujours certain de ne jamais se tromper et de toujours reconnaître en quoi consiste le devoir?

— Oui, mon garçon, si l'on s'habitue de bonne heure à suivre les inspirations de sa conscience. Je ne veux pas dire par là

que tout le monde comprenne le devoir de la même façon.
Sans doute il existe des personnes chez qui l'habitude de trop
songer à leurs intérêts a peu à peu faussé la conscience. Mais,
même chez ces personnes-là, cette voix intérieure se fait
encore parfaitement entendre, et elles sentent fort bien ce
qu'elles doivent faire. Si elles ne font point entièrement leur
devoir ou ne l'accomplissent qu'imparfaitement, elles n'agissent
pas par ignorance, crois-le bien. En revanche, et fort heureusement, beaucoup d'autres ont une propension à exagérer
plutôt qu'à amoindrir les inspirations de leur conscience et
poussent jusqu'au *dévouement* l'accomplissement de leur devoir.
Plusieurs personnes, dans cette voie, sont tellement imbues
de l'esprit de sacrifice, qu'elles vont jusqu'à l'*héroïsme*, cette
belle vertu qui est la conséquence d'une grandeur d'âme peu
commune. Dans bien des cas, on serait fort embarrassé pour
dire exactement où finit le dévouement et où commence
l'héroïsme.

— Alors, mon oncle, les héros ne sont donc pas toujours et
forcément des soldats ?

— Non certes, mon garçon, et ta réflexion me prouve que
tu as bien compris ce que je viens de te dire. Il y a des héros
dans la vie civile tout autant que dans la vie militaire. Tout
homme qui pousse le devoir jusqu'au dévouement et dont le
dévouement va jusqu'au sacrifice est un héros, qu'il sacrifie à
la patrie, à ses semblables ou au bien commun, ses goûts et ses
intérêts aussi bien que sa santé et sa vie. D'ailleurs, si tout
cela t'intéresse, mon garçon, je te ferai mieux comprendre par

des exemples, en te racontant divers traits et certaines actions parfaitement authentiques, ce que sont le devoir, le dévouement et l'héroïsme.

— Oh! bien volontiers, mon oncle; cela me fera grand plaisir.

— Eh bien! je n'y manquerai pas : chaque jour, en nous promenant, je te raconterai quelque histoire. Tous les récits que j'aurai l'occasion de te faire seront, je te le répète, l'exposé de faits authentiques et d'actions véritables.

L'oncle Jean tint religieusement sa promesse. Les récits qui composent ce petit volume sont pour la plupart ceux que le vieux capitaine a faits à son neveu pendant que, chaque matin, lorsque le temps le permettait, ils faisaient ensemble une longue promenade sur les bords de la Loire.

Gustave conserve précieusement le souvenir de toutes ces belles histoires vraies qui vont intéresser à leur tour nos gentilles lectrices et nos espiègles lecteurs. Il n'oubliera jamais les agréables semaines de vacances qu'il a passées *chez un héros.*

« Ne faire que son devoir, disait, en 1884, à ses collègues de l'Institut M. Edouard Pailleron dans son discours sur les prix de vertu, est une locution que vous devriez bien rayer de votre dictionnaire. Faire son devoir! Mais c'est peut-être ce qu'il y a au monde de plus difficile! D'abord, il est obligatoire, et par conséquent peu attrayant. Ensuite, il est multiple : il vous oblige envers tout et envers tous; incessant : il vous prend au berceau et ne vous quitte qu'à la tombe. Enfin, il n'a rien de cette poésie qui échauffe l'imagination, éveille la fierté, double les forces ; prosaïque et peu rémunérateur, il n'excite ni l'admiration, ni souvent même, hélas ! la reconnaissance.

« Elle n'a fait que son devoir, Prospérine Chepie, d'Arbéost (Hautes-Pyrénées). Sa mère est morte ; son père est parti pour la Californie, lui laissant à elle, encore enfant, cinq frères et sœurs à élever — elle les élève ; des dettes à payer — elle les paye. C'est bien simple. Mais que de misères là-dessous ! Et que de courage !

« Elle aussi n'a fait que son devoir, la pauvre aveugle-née du Château-d'Oléron (Charente-Inférieure), Léonore Papin.... Elle gardait, à la fois, sa mère impotente et son beau-père hémiplégique, allant de l'un à l'autre lit, sans relâche. Sa mère est morte ; il ne lui reste plus qu'un malade, mais elle le soigne pour deux. Et avec quels soins adroits ! elle qui est aveugle, et fatigants ! elle qui est valétudinaire. Elle raffine sur ses devoirs, elle y met une sorte de poésie obscure qui est en elle. Elle couvre la cheminée de fleurs pour réjouir les yeux de son malade, et souvent le médecin qui auscultait celui-ci a trouvé, en le soulevant, le dessous de l'oreiller jonché de roses !

« Tous n'ont fait que leur devoir.

« Marie Anguille, de Carcassonne (Aude), cette pauvre fille qui, apprenant qu'elle avait obtenu une médaille Montyon de 500 fr., demandait avec anxiété si, « récompensée en ce monde, « elle ne perdrait pas la couronne du ciel. »

« Et Nicolas Altenbourger, depuis trente-deux ans précepteur et gardien de la maison de convalescence de la

Roche-Guyon (Seine-et-Oise), et qui, pendant ce temps — on en a fait le calcul — a soigné, surveillé, instruit environ 18,000 enfants.

« La veuve Decremps s'est, depuis 1875, dévouée à sa belle-mère, qui, octogénaire, privée de raison, échappe parfois à sa bru, dont la surveillance constante n'évite pas toujours à la malheureuse folle des accidents terribles.

« Louise Bodié, elle aussi, soutient de son travail et de ses soins une mère octogénaire, et, de plus, aveugle et infirme. La pauvre fille, infirme elle-même, est naine, ne peut marcher qu'avec des bâtons et atteindre le lit de sa malade qu'en montant sur une chaise. La fille et la bru ont cela de commun que mère et belle-mère, possédant un caractère également détestable, les traitent avec une égale dureté et ne paraissent même pas se douter, dans leur égoïsme, de ce qu'elles doivent à ce dévouement que rien ne lasse, que rien ne rebute, et que l'ingratitude, au contraire, ne fait qu'exalter encore. »

Et la petite Amanda Meunier, des Batignolles, à Paris, elle n'a également accompli que son devoir, mais de quelle façon et avec quelle ardeur !

« Amanda Meunier, racontait Mgr Perraud à l'Académie en 1889, habite avec ses parents le quartier des Epinettes, aux Batignolles. Sa mère est toujours malade. Son père, ancien serrurier, est employé au balayage par l'édilité parisienne ; mais il est infirme, et souvent incapable de se livrer à aucun travail. Les époux Meunier ont quatre enfants. Amanda, l'aînée, avait treize ans, lorsqu'elle fut signalée à l'attention de l'Académie. Elle avait résolument entrepris de faire marcher le ménage à elle toute seule et d'élever ses frères et sœur.

Cette pauvre fille demandait avec anxiété si, récompensée en ce monde, elle ne perdrait pas la couronne du ciel.

« Au commencement, les voisins ne s'expliquaient pas comment une enfant si jeune pouvait suffire à un tel travail.

On avait pitié d'elle quand on la voyait porter au lavoir municipal, en ployant sous le fardeau, le linge de la maison. Il s'en fallait de peu que le père et la mère ne fussent accusés de dureté. Bientôt la vérité s'est fait jour. On a su que la courageuse fillette se substituait à ses parents toujours malades. Dans le quartier, on n'appelait plus Amanda que « la petite « mère de famille ».

Maintenant, si nous abandonnons pour un instant les déshérités de la terre, ceux qui n'ont pour toute fortune que leur cœur et le prodiguent généreusement et sans compter avec leurs forces ; si nous montons d'un seul bond jusqu'au sommet de l'échelle sociale, nous retrouverons là encore, parmi les favorisés de la fortune, parmi ceux que l'on est convenu d'appeler *les heureux de ce monde*, des personnes qui recherchent toutes les occasions de rendre service autour d'elles, d'améliorer la vie morale et matérielle des travailleurs ; en un mot, de faire leur devoir de riches.

Sir Richard Wallace, né dans l'opulence et devenu archimillionnaire, mais sans avoir eu à se donner la peine d'acquérir la fortune, a, pendant toute sa vie, fait un noble usage de ses richesses.

Richard Wallace est mort à Paris à la fin de juillet 1890. Quoique d'origine étrangère, écrivait à cette époque M. G. Le Barbier de Pradun, « il habitait la France la plus grande partie de l'année. Il avait hérité, vers la fin du second empire, de la fortune colossale du marquis d'Hartford. Ses libéralités étaient devenues proverbiales. Pendant la campagne de

Richard WALLACE.

1870-71, il dépensa environ un demi-million pour créer une ambulance et s'enferma volontairement dans Paris, afin de soulager la misère publique sous les canons allemands. N'écoutant que son excellent cœur, il voulut encore servir d'intermédiaire à ses compatriotes ; et lorsque les Anglais nous firent parvenir des vivres, c'est par lui qu'arrivèrent les dons et les libéralités. Membre de la Chambre des Communes, s'il considérait la France comme une seconde patrie, il ne se désintéressait aucunement de ses hautes fonctions en Angleterre. Marié avec la fille d'un officier français, Richard Wallace perdit un fils il y a peu d'années. Ce jeune homme, qui aimait la France, avait voulu la servir, et, après avoir pris rang dans les cuirassiers, était devenu officier d'ordonnance du général Vinoy. »

Les bonnes œuvres de ce grand philanthrope lui valurent de la part de la reine d'Angleterre le titre de baronnet. La République française l'avait nommé commandeur de la Légion d'honneur peu de temps après la guerre.

Depuis le siège de Paris, de ce Paris qu'il n'avait pas voulu abandonner au moment du péril et des privations, sir Richard Wallace, dit excellemment M. Georges Boyer (*Blaise Thiberte*), « n'a jamais manqué une occasion de manifester sa sympathie pour nous.

« Parmi les fondateurs de toutes les institutions charitables, on le trouve ; il fonde à lui seul des maisons hospitalières. Il a comme la passion exaltée du bien.

« Sa bonté est ingénieuse ; non content de dépenser sa fortune, il se donne encore la peine de chercher comment il pourra le faire le plus utilement, et alors il trouve cette admirable idée des fontaines (à qui l'on a donné son nom).

« Grâce à lui, dans tous les quartiers de Paris, de petits monuments élégants fournissent aux pauvres gens, et aux autres d'ailleurs, une eau claire et fraîche. On y vient boire au gobelet attaché par une chaîne, ou dans le creux de sa main ; la ménagère y vient remplir sa carafe, et tout le monde bénit l'homme qui a eu cette exquise et délicate inspiration. »

Le discours de Mgr Perraud sur les prix de vertu déjà cité plus haut va maintenant nous fournir quelques exemples de ce que peut produire le sentiment du devoir, quand ce dernier est poussé jusqu'au dévouement et à l'héroïsme.

Voici d'abord un marin. « Pierre Crouzillat, patron du canot de sauvetage des Sables d'Olonne, a préservé du naufrage plus de quarante bricks, goëlettes ou barques de pêche. Les équipages des navires marchands de France, d'Angleterre, d'Allemagne, de Norvège, ont été tour à tour tributaires de l'audace avec laquelle il a sauvé, bravé les tempêtes pour leur porter secours. Il y a trente-deux ans, à Brest, il avait arraché deux personnes aux flammes d'un incendie. Dix-huit autres ont été reprises par lui aux flots qui allaient les engloutir, et où plusieurs fois lui-même a failli trouver la mort. »

Puis, c'est le recteur de la paroisse de Saint-Georges-de-Raintambault, dans le diocèse de Rennes.

« Lorsque la guerre de 1870 éclata, M. l'abbé Pierre Brassier était vicaire à Montfort. Il partit comme aumônier volontaire, avec les mobiles d'Ille-et-Vilaine. A la demande des officiers de son bataillon, il fut décoré pour sa belle conduite dans l'une des affaires les plus sanglantes du siège de Paris. Nommé curé de Saint-Georges, M. l'abbé Brassier a entrepris de recueillir les orphelins et les enfants abandonnés. Il a maintenant à sa charge cinquante garçons qui apprennent des états manuels. Il y a peu de temps, deux de ses pupilles, âgés de onze et douze ans, venaient d'un air de triomphe lui présenter leur chef-d'œuvre : c'était une paire de souliers. Chacun avait fabriqué le sien. O prodige! sans gagner encore 25 fr. par jour, les jeunes artistes avaient trouvé le moyen de faire marcher ensemble la gauche.,., et la droite. »

Voici maintenant Séraphine Douba, une vaillante et bonne négresse, avec qui va commencer le réconfortant défilé des actes de charité ou de courage accomplis par des humbles. Petites gens, grandes vertus.

« Séraphine Douba est née à l'île de la Réunion, d'une esclave dont elle a d'abord partagé la condition servile. Toute jeune encore, elle appartenait à la famille de Planta. Elle y éleva, l'une après l'autre, trois générations. Quand les noirs furent affranchis, Séraphine ne voulut user de sa liberté que pour rester volontairement avec ses maîtres. Elle avait épousé un domestique de la maison, du nom de René.

« Au bout d'un demi-siècle, tout avait changé autour d'elle. Les ascendants étaient morts; la gêne avait succédé à l'aisance, pour devenir bientôt la misère. Cependant les arrière-petites-filles des premiers maîtres de Séraphine n'entendaient pas la sacrifier à leur malheur. « Man Fine, lui dirent-elles un jour, en l'appelant des noms naïfs qu'elles avaient l'habitude de lui donner au temps de leur enfance, vous êtes connue à « Saint-Denis, vous ne serez pas embarrassée de vous placer « dans une bonne maison, où vous trouverez des conditions « que nous ne pouvons plus vous assurer. »

« Man Fine les regarda ; puis, sans mot dire, elle se remit à sa besogne accoutumée. Depuis cette époque, il a été impossible de lui faire accepter la plus minime rétribution. Quand les travaux du ménage sont terminés, elle prend une corbeille et va de porte en porte offrir, pour les vendre, les ouvrages confectionnés par les enfants dont elle est devenue la mère adoptive. Elle est âgée aujourd'hui de soixante-dix-sept ans. Le clergé, les fonctionnaires, les notables de la Réunion, ont signé le mémoire qui la recommande à l'attention de l'Académie. Le bel exemple de dévouement et d'abnégation donné par Séraphine à notre lointaine colonie de la mer des Indes nous permet de saluer en sa personne cette race noire sur laquelle trop longtemps a pesé l'anathème de la servitude. »

Après avoir entouré de ses soins de vieux parents qui l'avaient adoptée, Aimée Milcent en recueillait pour héritage un revenu de 22 sous par jour.

Restée seule à l'âge de trente ans, elle se fit la sœur de charité du pays, à Saint-Jean-de-Mont, en Vendée.

Ces communes, d'un littoral peu fertile, occupent de grandes surfaces, et les habitations y sont fort éloignées les unes des autres. Si quelques malades pouvaient venir trouver Mlle Milcent, il en était que leurs infirmités retenaient à une ou deux lieues du bourg qu'elle habite. Des plaies à panser, des affections contagieuses à soigner rendaient-elles ces clients un objet de dégoût ou de crainte, même pour leurs proches, loin de les abandonner, elle partait avant le jour à travers les marais et les brouillards, fidèle, à la fois, au devoir qui l'appelait vers ces infortunés, et à celui qui la ramenait vers sa demeure, pour y recevoir ses malades et ses pauvres à l'heure accoutumée.

Car Mlle Milcent constituait à elle seule une administration de l'assistance publique; infirmière intelligente et dévouée qu'aucun soin ne rebutait; directrice d'une petite pharmacie à l'usage des indigents, d'un bureau de bienfaisance où les misérables trouvaient des aliments, les vieillards des couvertures de laine, des vêtements chauds et du bois pour l'hiver; les jeunes mères des trousseaux pour leurs nouveau-nés, les orphelins un asile.

Avec une vie si occupée, Mlle Milcent pouvait se croire autorisée à se reposer le dimanche. Mais comment parcourir sans cesse le pays, pénétrer dans les familles, toucher à toutes les plaies, sans remonter à cette cause permanente du désordre et de la misère, le cabaret, foyer de perversité et de dégradation, où se laissent entraîner même les jeunes filles de ces campagnes? Pour les arracher à ce milieu déplorable, Mlle Milcent institue la *réunion du dimanche;* elles y trouvent des récréations honnêtes, animées par l'entrain d'une femme qui possède le secret de faire bien tout ce qu'elle fait.

Au moment de nos désastres, et lorsque les enfants de la Vendée en subissaient les conséquences douloureuses, Mlle Milcent improvisait une ambulance, se consacrait aux soins des blessés et se multipliait pour leur assurer les secours et les consolations.

Ici encore, disait M. Victorien Sardou le 5 août 1880, « nous sommes en présence de serviteurs dévoués. Rien n'est plus fréquent que ce genre de mérite. Et presque toujours ce dévouement s'adresse à des maîtres ruinés, tombés dans une profonde misère, aigris par le chagrin, la pauvreté, la souffrance, âgés, infirmes, exigeants, despotes, atteints de maladies incurables, répugnantes,.... Rien ne décourage pourtant ces braves serviteurs; et quand le père et la mère n'y sont plus, c'est aux orphelins qu'ils consacrent toute leur affection et tout le fruit de leur travail.

« Ainsi, Louise Letord, à Paris, après la mort de ses maîtres, a adopté leurs quatre enfants, dont l'aîné a six ans et le plus jeune trois mois; Louise-Eugénie Contoux, de Janville (Calvados), entoure des soins les plus dévoués son vieux maître, aveugle et sourd, dont elle a payé les dettes du peu qu'elle possédait; Louise Chevallier, de Tréon (Eure-et-Loir), après avoir nourri le père et la mère, subvient encore aux besoins du grand-père, de la bru et des petits enfants, en se condamnant pour cela aux travaux des champs les plus pénibles. »

« S'il est une profession honorable entre toutes, ajoutait un peu plus loin le même illustre académicien, mais pénible et mal rétribuée, c'est bien celle de ces modestes institutrices de campagne à qui leur entourage n'accorde pas toujours le respect auquel elles ont droit, le paysan étant ainsi fait, qu'il estime plus le vétérinaire qui soigne ses bêtes que le maître d'école qui instruit ses enfants. Quelle triste destinée que celle de la plupart de ces jeunes femmes, à qui l'éducation, l'instruction ont révélé tout un côté de la vie qui leur est fermé, et qui ne connaissent certains besoins de l'esprit et du cœur que pour en sentir plus amèrement la privation! Quand le dévo..ement professionnel s'associe chez elles à toutes les vertus domestiques, à quel point ne sont-elles pas méritantes!

« Telle est Mlle Geneviève Guitard, autrefois institurice à Sainte-Geneviève, dans l'Aveyron, dont toute la vie (et elle a soixante et onze ans) a été consacrée non seulement à ses élèves, mais aux pauvres, aux affligés, aux malades, aux infirmes, à sa mère, à ses frères, à ses neveux, à ses sœurs dont une impotente, que pendant trente-sept ans, tous les dimanches, elle a portée sur ses épaules à l'église, ne voulant confier à personne son précieux fardeau. »

« Les femmes seules auraient-elles le privilège du sacrifice et de la charité? On pourrait le croire en écoutant ces récits qui ne signalent à votre émotion que d'obscures héroïnes, comme si les hommes ne pouvaient rivaliser avec elles et que notre cœur fût incapable de ces dévouements chaleureux et tenaces où semble toujours reparaître quelque réminiscence du sentiment maternel!

« Il suffit, pour nous réhabiliter cependant, de raconter la vie d'Annet Moulinier. A neuf ans, il entre au service comme pâtre; mais ses gages sont réservés pour ses parents dans la misère. A vingt ans, il devient soldat. Son capitaine l'ayant pris pour ordonnance, il s'attache à lui, le suit lorsque arrive l'âge de la retraite, et pendant vingt-deux ans, par son travail, ses économies et ses soins, il améliore la situation précaire du vieil officier. Après la mort de celui qu'il appelait son maître, vous croyez qu'il se considère comme libéré? Non, il cherche un emploi, mais c'est pour en mettre le produit à la disposition de sa maîtresse, devenue veuve, et à celle de ses enfants. Cette vie de sacrifice dure depuis trente et un ans; tous l'admirent; celui qui en donne l'exemple semble seul en ignorer les mérites; elle eût été digne de vous être racontée par votre secrétaire perpétuel qui en connaît tous les détails et dont le récit sympathique eût provoqué des applaudissements qu'une reproduction affaiblie ne justifie pas.

« Louis Schuller, né à Brumatt (Haut-Rhin), vient à son tour rendre témoignage en faveur des hommes; entré, il y a trente ans, comme garçon cordonnier dans un atelier, à Sézanne, département de la Marne, il se montre laborieux, intelligent, honnête, et se dévoue de cœur aux intérêts de la maison. Cependant le fils de son patron vient à mourir, laissant sept enfants, et la gêne entre dans la famille. Louis redouble d'activité : le premier à la besogne et le dernier, il soutient par son courage ces infortunés que menace la misère. L'année 1870 arrive, l'invasion avec elle; le travail cesse, et toutes les res-

sources manquent à la fois. « Je ne peux te garder plus long-
« temps, lui dit son patron; laisse-nous, tu trouveras ailleurs
« un sort moins misérable. — Je reste, » répond Louis. Et
depuis lors, rien n'égale son dévouement. La vieille patronne
est frappée de paralysie; il se fait infirmier; le vieux chef de
la maison ne peut plus travailler, il travaille pour deux, pour
trois, pour dix. La besogne manque quelquefois et le pain
aussi; Louis accepte tout et n'entend pas qu'on puisse le sé-
parer de ses maîtres appauvris. « Ah! dit-il dans son naïf
« langage, s'ils faisaient un héritage, on verrait voir! » (Discours de M. J.-b. Dumas prononcé à l'Académie, en séance
publique, le 1ᵉʳ août 1878.)

Tous ceux de nos confrères, disait à son tour, en 1884,
M. Edouard Pailleron avec une douce et spirituelle malice,
« tous ceux de nos confrères qui ont eu, comme moi, l'honneur de dépouiller, devant vous, ce dossier du Bien, ont fait
remarquer avec une insistance galante, il est vrai, mais un
peu intéressée peut-être, à quel point, dans tout ce qui est
bon, la femme nous est supérieure. Je crois plus équitable de
ne pas être tout à fait de cet avis. Il faut nous défendre, messieurs! Chaque sexe a les qualités de son tempérament —
quand il les a. — Aux femmes, les vertus douces et séden-
taires; aux hommes, les vertus actives et plus rudes. Si elles
ont leurs admirables sœurs de charité qui, toutes, vous le
savez, ne portent pas la cornette, nous avons, nous, nos mis-
sionnaires, nos soldats, nos héros qui, tous, vous le savez
aussi, ne portent pas l'uniforme. Ces réserves faites, je n'hé-

site pas à reconnaître, avec mes prédécesseurs, que, quand la femme est bonne, elle est meilleure que l'homme; je consens même à ne pas dire que, quand elle est mauvaise, elle est pire.

« Pour en revenir à Julien Durand, matelot douanier de Saint-Malo (Ille-et-Vilaine), il n'a pas seulement les vertus de son sexe, il les a toutes. Il a été un fils tendre, un frère dévoué, un père incomparable; il a recueilli et soutenu ses parents infirmes; il a élevé dix frères et sœurs et huit enfants, dont il a placé les survivants dans des positions bien supérieures à la sienne. Pauvre, il fait l'aumône aux pauvres; si elle n'est pas suffisante, il quête pour eux; et si ce n'est pas encore assez, après être resté en mer pendant la nuit, il fait, pendant le jour, des heures supplémentaires de travail à leur bénéfice. Il a la médaille de Crimée, avec trois agrafes, vingt-quatre ans de service comme matelot de la douane, quatre ans comme marin de l'Etat. Il a fait vingt sauvetages de toutes sortes, d'hommes et de navires. Il a même arrêté des chevaux emportés. Il a éteint des incendies, il a retiré des gens du feu, il en a retiré de l'eau, un entre autres, un délinquant qui, en se sauvant, était tombé à la mer, et qu'il a, le sauvetage opéré, remis fidèlement aux gendarmes, ajoutant ce chapitre gai aux belles pages sur la grandeur et la servitude militaires. »

« Avec M. l'abbé Lambert, nous abordons un ordre de charité qui s'applique moins aux besoins du corps qu'à ceux de l'esprit. M. l'abbé Lambert s'est voué à l'instruction morale des sourds-muets. Aumônier de l'Institution des sourds-

muets de Paris, l'abbé Lambert avait constaté que ses prédécesseurs ne possédaient pas assez le langage des signes pour
donner à leur enseignement religieux tout le développement
désirable. Sans se laisser rebuter par des difficultés devant
lesquelles on reculait depuis plus de cinquante ans, il a composé et fait imprimer toute une méthode de langage par le
geste, c'est-à-dire une *syntaxe* et trois dictionnaires, qui mettent
cette langue si difficile à la portée de tout le monde. Il a, en
outre, publié tout un cours spécial pour l'instruction complète
des sourds-muets, adultes et illettrés, qui ne peuvent plus
être admis dans les écoles, et pensez, messieurs, qu'il n'y en a
pas moins de vingt-cinq mille dans toute la France. Ce travail
de « géant », pour citer l'expression d'un homme compétent,
M. Vaisse, directeur honoraire de l'Institution de Paris, n'est
pas seulement le fruit de bien des années de réflexions et de
travail, mais aussi de grands sacrifices pécuniaires.

« Ce n'est pas tout, messieurs : au sortir de l'école, les
sourds-muets manquaient de direction morale. L'abbé Lambert a fondé, depuis vingt-cinq ans, des conférences religieuses
en langage des signes, lesquelles ont lieu tous les dimanches,
dans les paroisses Saint-Roch et Sainte-Marguerite. Il serait
superflu de signaler ici l'heureux effet de ces conférences sur
des âmes vouées à l'isolement, et qui, séparées des hommes,
éprouvent plus que d'autres le besoin de se rapprocher de Dieu.

« M. l'abbé Lambert avait remarqué aussi que la lecture de
nos livres ordinaires est plus difficile qu'on ne le pense, même
pour les sourds-muets les plus instruits ; cette difficulté résulte

de l'emploi de mots, d'expressions avec lesquels ils ne sont pas familiarisés, comme nous, par la conversation parlée. Il a fondé un journal spécial : *Le Conseiller des Sourds-Muets*, qui, écrit uniquement avec des mots et des tournures de phrases à leur portée, et composé à ses frais, leur est distribué à peu près gratuitement.

« Enfin, messieurs, c'est par l'initiative de M. l'abbé Lambert qu'ont été fondées diverses maisons de retraite, et l'asile-ouvroir-école de Bourg-la-Reine, où sont admises les jeunes sourdes-muettes dès l'âge de trois et quatre ans ; celles, plus âgées, qui veulent se consacrer à Dieu, les infirmes, les abandonnées, et les jeunes filles qui, au sortir des maisons spéciales, pauvres et sans appui, sont plus que d'autres exposées à des périls que leur infirmité rend plus redoutables. Et cet établissement, qui ne compte pas moins de deux cents pensionnaires, est dirigé par l'abbé Lambert, et toujours avec ses propres ressources.

« En un mot, l'on peut dire que, depuis le saint abbé de l'Epée, personne n'a plus fait pour l'éducation morale des sourds-muets que M. l'abbé Lambert, qui pendant vingt-cinq ans s'est appliqué, avec une abnégation au-dessus de tout éloge, à compléter la grande œuvre de son immortel devancier. » (Discours de M. Victorien Sardou prononcé à l'Académie, en séance publique, le 5 août 1880.)

Simple ouvrière et très pauvre, Mlle Chauve, à Lyon (Rhône), recueille un jour une petite fille abandonnée. Elle n'a pas plus tôt adopté cette orpheline, qu'il lui en faut une seconde. Celle-ci est l'enfant d'une cantinière, et cette petite fille est douée des instincts les plus détestables. Mais M⁰ Chauve n'est pas femme à se rebuter, et, après vingt ans de lutte, l'enfant vicieuse est aujourd'hui une honnête femme et une bonne mère de famille. Ces deux adoptions, telle est la modeste origine de l'*Orphelinat Sainte-Anne*, dont M⁰ Chauve est la fondatrice et la directrice, avec ses seules ressources. Mais elle a soixante-dix ans ; sa vue baisse, le travail lui est difficile. Neuf enfants sont encore à sa charge. Deux ont été ramassées dans le faubourg de la Guillotière, presque nues et couvertes de plaies ; la troisième est l'enfant d'une malheureuse condamnée en cour d'assises. Celle-ci vagabondait, celle-là mendiait. Ainsi des autres. Il a fallu disputer tous ces petits corps à la maladie, et au vice toutes ces jeunes âmes ; et il y a quarante ans que cela dure !

La vie de Simon Faivre, que nous a fait connaître M. Turpin de Sansay dans l'intéressant ouvrage qu'il a consacré aux *Sauveteurs célèbres*, est toute une existence de dévouement le plus pur, et en même temps de véritable héroïsme. Mais laissons la parole à M. Turpin de Sansay, qui écrivait en 1868 :

J'ai lu quelque part : « Raconter la vie des hommes utiles, c'est être utile soi-même aux générations présentes et futures. »

Faivre a fait d'innombrables sauvetages ; pas un enfant de Paris qui ne le reconnaisse, quand il passe. C'est donc pour les enfants de Paris que nous allons tracer la vie de ce Romain du courage.

Simon Faivre est né, le 25 avril 1814, à Auxonne (Côte-d'Or), et il a reçu le baptême du sauvetage en arrachant à la mort, dès 1824, son propre frère, qui avait disparu sous les glaçons de la Saône.

C'était bien débuter, il nous semble, à dix ans!

Et comme si Dieu eût voulu tracer sa route à cette nature hardie et exubérante, il lui permet, l'année suivante, de sauver encore un de ses frères, et cela au risque de se briser dans une chute terrible.

Le pli était pris : Simon Faivre était sauveteur. Nous n'avons plus qu'à consigner la nomenclature de ses actes, dont plusieurs touchent à l'héroïsme.

En 1832, il opère le sauvetage d'un caporal de voltigeurs, à La Marche, dans le département de la Côte-d'Or.

En 1833, Faivre avait dix-neuf ans : il se préparait à se baigner dans la Saône, lorsqu'il voit, au loin, deux femmes portant chacune un fardeau pesant, et qui, soit oubli, soit distraction, ayant manqué le *gué* qu'elles avaient coutume de traverser, sont emportées par le courant. Faivre se précipite et sauve les deux femmes : l'une était sa mère !

En juin 1833, le feu prend à Saint-Jean, commune de Pontailler ; Faivre arrive le premier sur le lieu du sinistre, éveille les habitants, organise les secours ; seul il a l'audace de sauver une somme de 1,000 fr. renfermée dans une boîte ; et à peine a-t-il mis le pied dehors, que la maison s'écroule et qu'un débris le blesse grièvement.

A Mutigney (Jura), en 1840, Faivre préserve du feu six cents mesures de blé.

Deux ans plus tard, à Valmey (Côte-d'Or), il sauve une femme du feu et reçoit une grave blessure. Dans le même département, à La Marche, en 1844, il arrache un enfant aux flammes et a les pieds brûlés.

En 1845, à Montmançon (Côte-d'Or), une pauvre mère va périr dans un incendie avec ses deux enfants ; Faivre pénètre

Il arracha à la mort son propre frère, qui avait disparu sous les glaçons de la Saône.

dans la maison embrasée, sauve la mère et les enfants ; puis, ému de pitié à la vue de tant de misère, retourne disputer à l'incendie un chétif mobilier, unique fortune de cette malheureuse famille. Cité à l'ordre du jour par le préfet, Faivre reçoit une prime d'argent et s'empresse de la remettre à ceux qui lui doivent l'existence.

La poudrière de Vonges prend feu en 1846 : Faivre arrive à temps et sauve des flammes deux ouvriers asphyxiés par la poudre.

Le 4 mai 1857, à Heuilley (Côte-d'Or), le feu encore se déclare dans une maison ; les habitants ont eu le temps de fuir ; mais un vieillard, trahi par ses forces, n'a pu les suivre.... Penché sur le rebord d'une fenêtre, le malheureux pousse des cris de détresse. Nul n'ose se dévouer et affronter une mort inévitable ! Soudain Faivre, occupé sur un autre point de l'incendie, entend les cris de la victime, s'élance, se fraye passage à travers les flammes et reparaît bientôt, portant le vieillard dans ses bras.

Quelle énergie ! quelle nature que cet homme !

Dans la même année, il sauve encore trois personnes dans un incendie, à Vonges, et deux ouvriers qui disparaissaient dans la Saône.

Voici maintenant un fait que nous tenons de source certaine, et qui vaut mieux, à lui seul, que les incidents romanesques les plus palpitants.

Le 25 décembre 1847, la nuit était sombre et froide et la terre couverte de verglas. Faivre regagnait son logis en suivant les bords de la Saône. Tout à coup un cri de détresse traverse les ténèbres ; le brave sauveteur s'arrête, interroge la surface mouvante des eaux, et un second cri lui indique le gouffre dans lequel un homme se débat contre la mort. Plongeant aussitôt dans le fleuve, Faivre parvient, après de pénibles efforts, à ramener l'infortuné sur la berge. Il reconnaît alors un de ses voisins, qui, bientôt saisi par le froid, rend le dernier soupir.

Que faire ?... Mouillé et grelottant, l'homme de courage abandonnera-t-il le cadavre ?... Non ; il le charge sur ses épaules, franchit de la sorte quatre kilomètres, malgré l'obscurité et les mauvais chemins, et dépose le mort sur le seuil de sa demeure, où viennent le recevoir une femme et des enfants éplorés.

Puis, harassé de fatigue, Faivre rentre chez lui. Certes, il a commis une belle action ; mais il prend le lit, et la maladie est sa récompense.

Le 9 mai 1848, à Soissons (Côte-d'Or), un violent incendie consume une ferme. Quarante pompiers, accourus pour l'éteindre, s'engagent imprudemment dans une cour entourée de bâtiments en feu, et, bientôt cernés, poursuivis par l'élément terrible, ils ne trouvent aucune issue pour sortir de la fournaise.

Faivre est là ; d'un œil calme il mesure le danger et entrevoit le salut.

Un mur, resté debout au milieu des flammes, peut seul, par sa chute, étouffer l'incendie sur un point !... Notre héros n'hésite pas ; il grimpe sur la toiture, s'appuie sur les débris fumants, attaque le pignon déjà calciné, le fait tomber, reçoit une blessure grave.... Mais les pompiers ont un passage ; ils sont sauvés !...

A Pouillenay, le 13 mars 1849, il arrête un cheval emporté, qui avait déjà renversé huit personnes ; le 2 juin, il retire du canal, après avoir plongé six fois, sa fille âgée de sept ans, qui allait passer sous les vannes de l'écluse ; le 11 décembre, l'intrépide sauveteur retire encore du canal, à quatre heures du matin, un jeune homme et deux chevaux que ce dernier conduisait.

L'action suivante dénote un incroyable courage.

Le 19 mars 1850, toujours à Pouillenay, six mariniers conduisaient, par un temps de glace, un bateau chargé de cinq cent cinquante pièces de vin.

Tout à coup ces mariniers poussent des cris de détresse ; leur bateau, déjà vieux, venait de s'ouvrir à la suite d'un choc, et l'eau pénétrait avec une telle abondance dans la cale, que, malgré la manœuvre des pompes, auxquelles ils travaillaient avec l'énergie du désespoir, les mariniers voyaient leurs efforts inutiles et l'eau gagner rapidement.

Faivre est averti, car on le considère, dans la contrée, comme une ancre de salut ; il accourt, et, haletant, couvert de sueur, s'empare d'un sac vide et, tout habillé, se jette dans l'eau glacée.

Il plonge sous le bateau en péril, et parvient à appliquer le sac avec une telle précision dans le trou par lequel pénétrait l'élément perfide, que les six hommes furent, tout à coup, surpris de voir cesser les bouillonnements de l'onde qui devait les engloutir, et d'autant plus infailliblement, que, dans la descente à fond du bateau, les pièces de vin se seraient dérangées et auraient écrasé ces malheureux.

Une seconde de retard, d'hésitation dans le dévouement de Faivre, c'en était fait du bateau, des mariniers et du sauveteur même!

Le président de la République voyageait alors dans les provinces de l'est de la France. A son passage à Dijon, il plaça lui-même sur la poitrine de notre héros la croix de la Légion d'honneur, et ce fut le général Paulin qui donna l'accolade au courageux sauveteur.

Dans la même année 1850, Faivre sauve un jeune prêtre, M. Patriat, qui se noyait dans le canal; puis il voit une seconde œuvre du même genre interrompue par la mort de la personne qu'il retire des eaux, avec les six chevaux qu'elle conduisait.

En 1851, un nouveau sauvetage en rivière lui vaut la médaille d'or.

Le 12 juillet 1852, une voiture chargée de foin, attelée d'un mulet et montée par deux personnes, tombe dans le canal de Bourgogne. Sans hésiter, Faivre se jette à l'eau, sauve d'abord le père et la fille, puis le mulet, et enfin retire la voiture.

Ici se termine la première partie de l'existence courageuse de notre héros.

Appelé au poste de chef éclusier au barrage de la Monnaie, à Paris, Faivre va trouver plus que jamais l'occasion de manifester son dévouement à l'humanité.

Comme *Parisien,* il débute donc, le 11 avril 1856, par le sauvetage d'un jeune peintre sur porcelaine qui s'était précipité dans la Seine avec l'intention de mettre fin à ses jours.

A la suite de cet acte, Faivre reçut du préfet de police la lettre suivante :

« M. le ministre de l'intérieur, en réponse à la demande de récompense honorifique que je lui ai adressée en votre faveur, au sujet du sauvetage du sieur Jacques Régnier, m'invite à vous faire connaître que, étant chevalier de l'ordre de la Légion d'honneur et titulaire d'une médaille d'or de première classe, vous avez épuisé toutes les récompenses honorifiques décernées aux personnes qui accomplissent des actes de dévouement.

« Tout en exprimant le regret de ne pouvoir donner suite à ladite demande, M. le ministre me charge de vous adresser, en son nom, des félicitations sur ce nouvel acte de dévouement dont vous êtes l'auteur.

« Je suis heureux, monsieur, en cette circonstance, de joindre mes félicitations à celles du ministre ; ces témoignages de satisfaction devant être, pour vous, un encouragement, si l'occasion s'en présentait, de vous signaler par le courage et le dévouement dont vous avez donné tant de preuves. »

Ne plus pouvoir être récompensé pour son courage!.... Peu de personnes peuvent être dans une semblable situation. Et cependant Faivre continua toujours, depuis cette lettre, son œuvre de rachat à la mort.

Le 19 février 1857, à quatre heures du soir, le nommé Louis Bruon tombe du Pont-Neuf dans la Seine. Le malheureux ne savait pas nager et luttait vainement contre les flots. Le courant l'entraînait, et il disparaissait sous l'eau, lorsqu'aux cris poussés par les témoins de ce drame, Faivre accourt, s'élance d'une hauteur de quatre mètres dans le fleuve, nage, plonge, atteint le noyé et le ramène sur la berge.

Le hardi sauveteur porte immédiatement le noyé dans son bureau et lui fait donner tous les soins nécessaires. Bruon reprit peu à peu connaissance.

Faivre était heureux de le voir recouvrer ses sens, et cependant il ne crut pas que sa tâche, à lui, était terminée. Il interrogea Bruon, et apprit que cet infortuné était sans ouvrage et sans pain. Emu de pitié, Faivre promit de s'occuper aussitôt de lui chercher du travail; il tint parole et réussit, le soir même, à faire employer Bruon à la Monnaie.

Et ce n'est pas pour Bruon seulement que Faivre s'est montré plein de sollicitude. Si nous pouvions le suivre à travers les épisodes de son utile existence, nous le verrions, tantôt refusant la récompense pécuniaire qui lui est offerte, tantôt l'abandonnant aux victimes qu'il vient de sauver.

Et nous ne parlons pas des blessures dont notre héros portera toute sa vie les honorables cicatrices.

On a dit de lui : « Faivre a sauvé plus d'hommes que n'en a tué le plus terrible soldat de la République et de l'Empire. » C'est vrai!

Et s'il reçoit du préfet de Seine-et-Oise une lettre identique à celle qu'il a reçue déjà du préfet de police, Faivre n'en continue pas moins à sauver les gens en danger.

C'est, le 1er février 1857, le sieur Thébaut, qui avait coulé dans la Seine avec son embarcation.

C'est encore, le 6 septembre de la même année, le sieur Boucher, qui était tombé dans l'Oise entre son bateau et le quai. Le sauvetage fut difficile, car le bateau s'avançait, traîné par de robustes chevaux. Qu'importe! Trois fois, au péril de sa vie, Faivre plongea, et Boucher fut ramené à bord sain et sauf.

Mais il faut nous arrêter; un volume n'y suffirait pas.

Faivre a fait souche de courage, car son fils, un enfant encore (en 1868), a déjà deux médailles de sauvetage, loyalement et intrépidement gagnées.

Outre la croix de la Légion d'honneur, Simon Faivre a reçu six médailles de sauvetage, en or et en argent, le prix Montyon, la médaille accordée par le roi de Danemark au sauveteur d'Europe le plus méritant, etc. Il était membre d'honneur de toutes les sociétés de sauveteurs de France.

Maintenant, comme exemple d'héroïsme militaire, voici un jeune soldat, originaire d'Asnières, auprès de Paris, dont M. Georges Astruc nous a fait connaître la glorieuse conduite au Tonkin (dans *Asnières-Canton*, juillet 1889).

Un de nos concitoyens, dit-il, M. Communau fils, nous est revenu du Tonkin, où il a glorieusement servi le drapeau français. Grâce à l'obligeance d'un ami, nous avons pu connaître les hauts faits d'armes de ce vaillant garçon, que nous sommes heureux de communiquer à nos lecteurs.

L'affaire se passait au Tonkn, le 17 janvier 1889, dans un pays nommé Cho-Moi.

Douze cents Français de toutes armes, sous le commandement du général Borgnis-Desbordes, font face à une armée de huit mille Chinois. Le combat est sanglant et dure depuis près de dix heures. Nous avons 112 hommes tués ou mis hors de combat, dont 8 officiers et 10 sous-officiers.

Au plus fort de l'action, le lieutenant André, de la 4ᵉ compagnie du 2ᵉ régiment de marche de l'infanterie de marine, a le pied fracassé par une balle. Le soldat Communau, au milieu d'une grêle de projectiles, n'hésite pas à aller chercher son malheureux chef; mais il ne faut pas songer à le ramener, ce serait aller au-devant d'une mort certaine.

Communau cache son supérieur dans la brousse et rallie au galop.

A huit heures du soir, trompant la surveillance de l'ennemi et aidé d'un de ses camarades, il retourne chercher son lieutenant, qu'il a le bonheur de retrouver vivant, et qu'il transporte à l'hôpital, où il eut à subir deux amputations.

En récompense de sa belle conduite, Communau a reçu la croix de chevalier de l'ordre royal du Dragon vert de l'Annam. Ce modeste soldat, deux fois revenu en France en congé de convalescence, a demandé chaque fois à retourner au Tonkin.

Une fière réponse de Communau. Son lieutenant voulut lui donner une forte somme; il la refusa en disant : « Je ne me bats pas pour de l'argent, je me bats pour mon pays. »

Et tous ces braves gens, ces dévoués patriotes qui, pendant le siège de Paris, en 1870-71, venaient se proposer pour transporter les dépêches de Paris à la province à travers les lignes prussiennes, et pour rapporter par la même voie périlleuse celles de la Délégation de Tours au gouvernement enfermé dans la capitale, n'étaient-ils point des héros, eux aussi?... Plusieurs ont payé de leur vie leur dévouement à la patrie; quelques-uns ont eu le bonheur de réussir.

La liste de ces héros a été jadis publiée par M. F. Steenackers, ex-directeur des postes et télégraphes. Pourtant, on les connaît à peine aujourd'hui. Les noms de ceux qui ont été frappés les armes à la main sont, chaque année, rappelés glorieusement sur leurs tombes aux jours anniversaires des sanglants combats où ils ont trouvé la mort. Mais les autres, dont le courage a été au moins égal, ne méritent-ils point d'être aussi connus et admirés?

C'est Brare, gardien de bureau à Paris et père d'une nombreuse famille, qui réussit une première fois à franchir les lignes ennemies pour remettre des dépêches à Saint-Germain et à Triel. Heureux de ce premier succès, il tente une seconde sortie, est fait prisonnier, s'évade et gagne Tours. Il repart de cette ville le 3 décembre avec une nouvelle mission et est tué d'une balle dans la tête au moment où il traversait la Seine à la nage.

C'est Henri Richard, qui emporte de Tours des dépêches pour Paris. Malgré le froid, quand il est arrivé à proximité de la capitale assiégée, il se jette à l'eau et, pour nager plus librement, ne conserve pour tout vêtement qu'une casquette et qu'une paire de souliers. Il réussit à aborder à Rueil, où il est recueilli par les sentinelles françaises. Conduit devant le commandant des francs-tireurs de Paris, il tire un petit

paquet de la doublure de sa casquette et un autre de l'intérieur de la semelle de l'un de ses souliers, et, les posant sur une
table :

— Voici mes papiers, lui dit-il.

C'étaient les dépêches dont il était porteur.

Ce sont encore tous ces marins, Louis Paul, François Jahn,
et bien d'autres, qui sortaient de Paris en ballon et tom-
baient parfois dans des régions occupées par les Prussiens....
Se figure-t-on les dangers courus par tous ces braves pour
échapper à la surveillance de nos ennemis et réussir à accomplir la mission qui leur avait été confiée? N'est-il pas juste
de les mentionner en bonne place parmi nos héros militaires ?...

FIN.

TABLE.

FIN DE LA TABLE.

Rouen. — Imp. MÉGARD et Cie, rue Saint-Hilaire, 138.